요즘 아이들을 위한
요즘 수업

초등학교에서 보드게임하기

요즘 아이들을 위한 요즘 수업

초판 1쇄 발행 • 2022년 1월 3일

지은이 • 허용진 박정수 김선우 박성민 고재형 이송이 임대욱 정종철 강민경
펴낸이 • 강일우
편집 • 서대영
디자인 • 이유나
조판 • 이주니
펴낸곳 • (주)창비교육
등록 • 2014년 6월 20일 제2014-000183호
주소 • 04004 서울특별시 마포구 월드컵로12길 7
전화 • 1833-7247
팩스 • 영업 070-4838-4938 / 편집 02-6949-0953
홈페이지 • www.changbiedu.com
전자우편 • textbook@changbi.com

ⓒ 허용진 박정수 김선우 박성민 고재형 이송이 임대욱 정종철 강민경 2022
ISBN 979-11-6570-109-3 03370

초등학교에서 보드게임하기

허용진 ● 박정수 ● 김선우 ● 박성민 ● 고재형 ● 이송이 ● 임대욱 ● 정철웅 ● 강민경

요즘 아이들을 위한
요즘 수업

창비교육

교실을 지나치다 왁자지껄 신나 있는 아이들을 본 적 있다. 뭐가 저리 즐거울까 하고 가만히 들여다보니 아이들은 생기 가득한 얼굴로 눈을 반짝이며 보드게임 주변을 둘러싸고 있었다. 평소 수업 시간에는 잘 보지 못한 모습이었다. 민주적으로 순번을 정해 게임을 하는 모습도, 집중력을 발휘해 무언가에 몰두하는 모습도 낯설었다. 생각하는 것조차 귀찮아하던 아이가 같은 팀 친구를 격려하며 게임을 이끌어 가는 모습은 아직도 잊히지 않는다. 아이들에게 보드게임은 신나고 재미있는 것이자 자꾸만 생각나고, 계속해서 하고 싶은 매력을 지닌 놀이 그 자체였다.

신나게 놀던 아이들은 수업 종이 치자 몹시 아쉬워하며 자리로 돌아갔다. 그 모습을 보고 '아이들은 수업 시간도 보드게임을 할 때처럼 즐겁길 원하는구나.' 하는 생각이 들었다. 그리고 이내 명쾌한 깨달음을 얻었다. '수업에 보드게임을 가져오자! 아이들이 이토록 좋아하는 보드게임에 학습이라는 양념을 곁들여 수업 도구로 활용한다면 아이들도 교사도 만족하는 수업을 꾸릴 수 있겠구나.' 그렇게 나는 수업에 보드게임을 활용하기 시작했다. 쉬는 시간이나 중간 놀이 시간, 방과 후 등에 짧게만 느꼈던 즐거움이 수업 시간으로 확대된다면 아이들이 매일같이 얼른 학교에 가고 싶다고 할지도 모르겠다는 조금은 엉뚱한 상상을 하면서. 상상만 해도 정말 멋진 일이었다.

보드게임을 수업에 활용하고 얼마 지나지 않아 아이들에게 변화가 일어났다. 아이들이 학습에 흥미를 느끼고 수업에 적극적으로 참여하기 시작했다. 보드게임은 이런 마법 같은 변화를 이끈 마법사이다. 사고력과 상상력을 길러 주는 이야기꾼이고, 딜레마 상황을 민주적으로 현명하게 해결해 주는 해결사이다. 사소한 오해로 서먹서먹해진 친구에게 먼저 미안하다고 말할 수 있게 하는 다정한 용기이고, 자신의 생각과 감정을 효과적으로 이해하고 표현하게 해 주는 든든한 내 편이다.

'상상만으로도 멋진 일'이 현실이 되자 이제는 이 멋진 일을 더 많은 선생님과 함께하고 싶어졌다. 내가 경험한 아이들의 변화를 전국의 수많은 선생님들과 함께 느끼고 싶다. 이 책이

이 멋진 일을 시작하시려는 선생님들께 조금이나마 도움이 되었으면 한다. 이런 바람으로 이 책을 쓰며 저자 선생님들과 오랜 기간 토의를 하고 서로의 원고를 검토했다. 그리고 어떻게 하면 우리가 가진 수업 노하우를, 우리가 수업을 하며 느낀 만족감과 성취감을 오롯이 전할 수 있을까 고민했다. 물론 읽는 분에 따라서는 부족하다 여기실 수 있다. 하지만 그 부족함은 이 책을 보시는 선생님들께서 함께 채워 주시리라 기대한다.

마지막으로 이 책이 나오기까지 보드게임을 수업에 활용하며 이 멋진 일을 함께하고 계신 전국보드게임교사네트워크의 여러 선생님께 감사 인사를 전한다.

2022년 1월
9명의 저자를 대표하여 허용진 씀.

구성과 특징 🔍

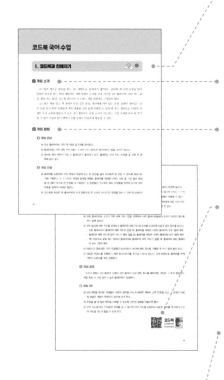

I. 보드게임과 친해지기

수업에 활용할 보드게임을 소개합니다.

❶ 게임 소개

– 해당 보드게임의 기본 정보를 안내했습니다.

❷ 게임 방법

– 보드게임을 하는 방법을 게임 진행 단계에 따라 구체적으로
설명했습니다.

– 큐알 코드로 접속하면 해당 보드게임의 기본 정보와 규칙 등을
설명한 동영상을 보실 수 있습니다.

II. 보드게임으로 수업 꾸리기

수업이 어떤 내용과 흐름으로 진행되는지 안내합니다.

❶ 수업 개관

– 수업 목표 및 주요 활동들을 개괄적으로 설명했습니다.

❷ 수업 핵심 내용

– 수업의 핵심 내용을 학습 목표와 연관 지어 제시했습니다.

❸ 수업 한눈에 보기

– 수업 주제와 구체적인 활동들을 일목요연하게 정리했습니다.

III. 보드게임으로 수업하기

기본 수업과 심화 수업으로 나누어 각 활동을 구체적으로 안내합니다.

❶ 활동 방법

– 단계별 활동 방법을 구체적으로 안내했습니다.
– 교사와 학생의 실제 수업 대화를 수업 진행 과정에 따라
　제시했습니다.

❷ 활동 Tip

– 활동을 보다 성공적으로 이끌 수 있는 수업 노하우를 제시했습니다.

❸ 생생 수업 속으로

– 실제로 수업을 진행해 본 교사의 생생한 수업 후기를 활동별로
　제시했습니다.

IV. 보드게임으로 수업 응용하기

해당 보드게임을 다른 교과목이나 수업 주제, 학습 내용 등에 응용하여
활용할 수 있는 방법을 안내합니다.

쌤쌤톡톡

보드게임을 주제로 교사들이 펼친 수업 대담입니다. 보드게임 활용 방법
과 그 소감, 수업 아이디어는 물론이고 동료 교사들에게 보내는 추천과
당부의 말 등이 담겨 있습니다.

차례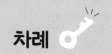

보드게임으로 어떻게 수업하나요?

I. 보드게임, 이것만은 알아 둡시다

1 보드게임이란?

'보드게임'이라는 용어는 다음과 같이 다양하게 정의된다.

> "판 위에서 말이나 카드를 놓고 일정한 규칙에 따라 진행하는 게임."
> "종이 판이나 나무 판으로 된 놀이 도구 주변에 여럿이 둘러앉아 즐기는 놀이를 통틀어 이르는 말."
> "게임판, 카드, 주사위, 나무토막, 미플 등의 온갖 물리적인 도구를 동원해서 이루어지는 게임."

전통적인 의미에서 본다면, 보드게임은 보드(board)라고 하는 판 위에 기물을 놓고 하는 형태의 게임만을 한정해서 말한다. 하지만 오늘날의 보드게임에는 보드 판뿐만 아니라 카드, 주사위, 플라스틱 기물 등 다양한 물리적 구성물들이 포함되는 경우가 많다. 여기에 디지털이 결합하여 보드게임의 확장성 또한 광범위해지는 추세이다. 이에 이들을 모두 포괄하는 새로운 형태의 정의가 필요하다.

또한 보드게임은 통상적으로 2인 이상이 즐기는 형태가 대부분이지만, 최근에는 1인이 할 수 있는 보드게임도 많아지는 추세이다. 게다가 일부 보드게임은 100명 이상이 할 수 있을 정도로 참여 인원에 제한이 없는 경우도 있으므로 이 부분에 대한 새로운 정의도 필요하다.

그래서 이 책에서는 보드게임이라는 용어를 광의의 의미로 다음과 같이 새롭게 정의하고자 한다.

> "보드게임이란, 게임판, 카드, 주사위 등의 도구를 이용하여 일정한 규칙에 따라
> 다양한 수의 사람들이 온오프라인을 넘나들며 진행하는 게임이다."

❷ 좋은 보드게임이란?

일반적으로 좋은 보드게임은 게임성, 반복성의 특징을 가지고 있다. 수업 상황의 특수성을 고려한다면 좋은 보드게임이 지니는 특징에는 범용성, 가성비, 변형성 등이 추가된다. 즉, 수업에서 활용하는 좋은 보드게임이란 게임성, 반복성, 범용성, 가성비, 변형성의 특징이 서로 유기적인 결합을 이루는 것을 말한다.

가. 게임성 – 보드게임은 재미가 최우선이다

보드게임을 교육적으로 접근하려는 시도는 좋으나 여기에만 집중하다 보면 정작 게임의 본질적인 요소인 재미를 놓치는 경우가 많다. 이러한 탓에 교육적 목적으로 제작된 보드게임의 대부분은 게임성이 부족하여 게임 자체의 재미가 많이 떨어진다. 그러므로 교육적 목적으로 제작된 보드게임을 수업에 활용하기보다는 게임성이 있는 재미있는 보드게임을 수업으로 끌어오는 것이 바람직하다. 즉, '교육적 목적의 보드게임으로 어떻게 재미있는 수업을 해 볼까?' 하는 고민이 아닌 '게임성이 있는 보드게임을 어떻게 수업에 활용할 것인가?'를 고민하는 것이 수업에 보드게임을 활용할 때 고려해야 할 핵심이다. 재미와 교육적 요소의 비율은 8 : 2의 배합이 적절하다.

나. 반복성 – 반복성은 보드게임의 생명력이다

반복성은 리플성이라고도 하는데 이는 해당 보드게임을 반복해서 하고 싶은 욕구나 정도를 말한다. 같은 보드게임을 여러 번 하더라도 처음 게임을 하며 느꼈던 재미를 계속 느낄 수 있는 게임이 생명력 있는 좋은 보드게임이다. 교사는 일회성으로 끝나는 보드게임이 아닌 반복성을 가진 보드게임을 찾아 수업에 활용하기 위해 노력해야 한다.

다. 범용성 – 다양하게 활용할 수 있어야 한다

보드게임을 수업에 활용하다 보면 닥치는 문제 중 하나가 바로 게임을 구매하는 데 비용이 발생한다는 점이다. 현실적으로 모든 보드게임을 다 살 수 없기에 다양한 주제에 두루 활용할 수 있는 보드게임이 당연히 좋다.

라. 가성비 – 보드게임도 가성비가 중요하다

소수보다는 다수가 함께 참여할 수 있는 보드게임, 적은 수량으로 많은 사람이 할 수 있는 보드게임이
좋다. 게다가 가격이 싸다면 금상첨화이다.

마. 변형성 – 보드게임을 있는 그대로 활용하려 하지 말라

보드게임은 보드게임이다. 수업 주제에 딱 맞는 보드게임을 찾으려고 하지 말자. 그런 보드게임은 당초
없다고 생각하는 것이 오히려 편하다. 물론 소수의 보드게임은 수업 주제와 딱 맞는 경우도 있긴 하지만
이는 매우 드문 일이다. 보드게임은 당초 수업을 위해 만들어진 교구가 아니기에, 수업 주제에 맞게 규칙
이나 기물 등을 변형하는 것을 두려워하지 말라. 보드게임의 변형은 선택이 아닌 필수이다.

II. 보드게임 수업, 이렇게 해 보세요

보드게임을 하나의 교구라고 생각한다면, 보드게임 수업은 일반적인 교구 활용 수업과 크게 다
르지 않다. 하지만 보드게임만의 특수성이 있기에 보드게임을 활용하여 수업을 진행할 때에는 그
방법적인 면에서 조금은 다르게 접근할 필요가 있다. 보드게임을 수업에 어떻게 활용하면 좋을지
그 방법을 정리하면 다음과 같다.

1. 보드게임은 목적이 아니라 수단이다. 수업 설계부터 보드게임을 교육 과정을 지도하기 위한 수단(교
   구)으로 인식하며 접근해야 한다.
2. 학생들이 쉽게 이해할 수 있는 보드게임을 주로 활용해야 한다. 특히 보드게임을 수업에 활용하는 것
   이 익숙하지 않다면 더욱더 쉬운 보드게임부터 활용하는 것을 추천한다.
3. 단위 차시보다는 블록 형태의 연속 차시 수업을 구성하여 보드게임을 충분히 활용할 수 있는 시간을

확보해야 한다. 보드게임 플레이 시간과 수업 목표 달성을 위한 기타 활동 시간을 1차시 안에 진행하기에는 여러 가지 어려움이 생기기 때문이다.

4. 거꾸로 수업 형태로 학생들이 보드게임의 규칙을 설명한 영상을 미리 보고 수업에 참여할 수 있도록 한다. 수업 시간은 한정되어 있으므로 충분한 플레이 시간을 확보하기 위한 방법이다.

5. 수업 진행 시 토의 토론 수업, 프로젝트 수업, 협력 수업 형태의 학생 참여형 수업에 보드게임을 결합하면 긍정적인 시너지 효과가 발휘된다. 보드게임만으로도 활동을 구성할 수 있지만 반드시 보드게임으로만 활동을 진행해야 하는 것은 아니다. 때에 따라서는 동기 유발에서만 잠깐 보드게임을 활용할 수도 있고 수업 활동 중 일부분에만 활용할 수도 있다. 즉, 토의 토론 수업, 프로젝트 수업, 협력 수업 형태의 큰 맥락에서 보드게임을 부분적으로 연계할 수도 있는 것이다. 보드게임은 플레이 시 학생들 간 상호 작용이 활발히 일어나기에 다양한 형태의 수업에서 촉매제 역할을 하여 교육적 효과가 높다.

6. 온오프라인 콘텐츠 활용과 보드게임의 연계 방안을 고려하면 좋다. 보드게임은 물리적 구성물의 특수성 때문에 책상 위에서만 할 수 있다는 제약이 있다. 하지만 이 둘을 연계한다면 그 제약을 충분히 극복할 수 있다. 예를 들어, 기존 보드게임을 간단한 PPT 콘텐츠로 제작하여 모둠이 아닌 학급 전체 학생들과 동시에 활용하는 수업을 할 수도 있고, 온라인 수업 플랫폼의 특성에 맞게 게임을 변형하면 온라인에서도 보드게임을 수업에 활용할 수도 있다.

7. 보드게임 구성물(매뉴얼, 지폐, 카드, 각종 기물 등)을 하나의 수업이 아닌 다양한 수업 주제에 활용 할 수 있는 아이디어를 고민한다. 예를 들어, 보드게임 구성물 중 매뉴얼은 비문학 읽기 자료로 활용 가능하며, 지폐는 경제 관련 주제나 수학, 영어 교과 등에서 다양하고 유용하게 활용할 수 있다.

8. 수업 마지막에 수업 목표와 관련된 학습 내용을 정리해야 한다. 보드게임 활용 수업에 익숙하지 않은 선생님이 흔히 범하는 실수 중 하나가 수업 시간에 보드게임만 재미있게 하고 그대로 수업을 끝내는 것이다. 학생들이 꼭 알아야 하는 학습 내용은 반드시 지도해야 한다는 점을 간과해서는 안 된다.

보드게임을 수업에 어떻게 활용하면 좋을지에 대해 알아보았다. 하지만 그 무엇보다 먼저 선행되어야 하는 것은 선생님이 보드게임에 관심을 가지고 직접 해 봐야 한다는 것이다. 추천받은 좋은 보드게임을 수업에 활용하면, 학생들이 알아서 잘할 것이라는 생각은 큰 오해이다. 선생님이 직접 보드게임을 하며 느낀 재미와 즐거움을 수업 목표와 연계하여 학생들도 느낄 수 있게 해야 한다. 이 재미와 즐거움을 학생들이 느낄 수 있게 하려면 수업을 어떻게 구성해야 할까 고민하는 것이 보드게임 활용 수업을 성공적으로 해내는 첫걸음이다.

국어

★ 코드북 ★

코드북 국어 수업

I. 코드북과 친해지기

1 게임 소개

코드북은 책으로 암호를 푸는 보드게임으로, 출제자가 생각하는 단어와 책 속의 문장을 알아 맞히면 점수를 얻는 추리 게임이다. 게임 인원은 3~6명, 소요 시간은 20~30분이며, 단어 카드 40 장, 해독 카드 36장, 코드북 워크시트지 1세트, 게임 설명서로 구성되어 있다.

코드북은 책을 읽고 책 속에서 인상 깊은 문장, 자신에게 의미 있는 문장, 표현이 재미있는 문장 등을 다시 한번 살펴보며 책의 내용을 깊이 있게 이해할 수 있게 해 주는 게임으로, 다양한 주제의 독서 교육에 활용도가 높은 보드게임이다. 또한 교사가 의도하는 수업 주제에 따라 한 학기 한 권 읽기 수업과 읽기 영역의 수업 등에서 다양하게 활용할 수 있다.

2 게임 방법

▶ 게임 준비

❶ 모든 플레이어는 각자 책 1권과 필기구를 준비한다.

❷ 플레이어는 각자 해독 카드 6장(1~6 숫자 카드 1장씩)과 워크시트지 1장을 나누어 갖는다.

❸ 준비한 책의 제목이 가장 긴 플레이어가 출제자가 된다. 출제자는 단어 카드 40장을 잘 섞은 후 한 쪽에 놓아 둔다.

▶ 게임 진행

❶ 출제자를 포함하여 각자 책에서 마음에 드는 한 문장을 골라 모두에게 잘 보일 수 있도록 워크시트지에 기록한다. 단, 2~3인이 게임에 참여할 때에는 출제자를 제외한 나머지 사람 중 가장 빨리 문장을 쓴 1명이 추가로 한 문장을 더 기록한다. 이 문장들은 코드북이 되며, 이것들을 임의의 순서로 섞어 번호를 1번부터 차례로 정한다.

❷ 코드북을 완성한 후 출제자부터 시계 방향으로 큰 소리로 자신이 쓴 문장을 읽는다. 이때 워크시트지

는 모든 플레이어가 볼 수 있도록 가운데에 놓는다.

❸ 출제자는 단어 카드 4장을 뽑아 모든 플레이어에게 잘 보이도록 기록된 워크시트지 주변에 놓는다.

❹ 출제자는 단어 카드에 제시된 단어와 코드북과의 연결성을 생각한다. 연관이 된다면 단어는 1~3개까지 동시에 말해도 된다. 단, 코드북으로 만들어진 문장들에 쓰인 단어는 중복해서 사용할 수 없다.

❺ 출제자는 단어 카드와 연결되는 코드북의 문장 하나를 선택한 후 모든 플레이어에게 해당 단어 카드의 단어를 크게 말한다. 단, 해당 단어와 연결된 문장이 어떤 것인지는 공개하면 안 된다.

❻ 모든 플레이어는 출제자가 선택한 코드북의 문장이 어떤 것인지 찾는다.

❼ 모든 플레이어는 숫자가 적힌 해독 카드 1장을 선택하여 다른 플레이어들에게 숫자가 보이지 않도록 자기 앞에 놓는다.

❽ 모두 동시에 해독 카드를 공개하고 출제자의 해독 카드와 숫자를 비교하여 다음과 같이 점수를 받는다.
  – 모든 플레이어가 출제자의 해독 카드와 같을 때, 출제자를 제외한 나머지 플레이어 모두 1점씩 획득
  – 출제자의 해독 카드와 같은 카드가 1명도 없을 때, 출제자를 제외한 나머지 플레이어 모두 1점씩 획득
  – 1명 이상(모두 같을 때는 제외)의 플레이어와 출제자의 해독 카드가 같을 때, 출제자와 해당 플레이어 모두 2점씩 획득

❾ 라운드가 종료되면, 각자 작성했던 워크시트지 하단에 해독 점수를 기록한 후 자기 앞에 놓아 둔다.

❿ 새로운 라운드를 진행하기 위해 워크시트지를 추가로 나누어 갖는다. 시계 방향으로 출제자를 바꿔가면서 라운드를 계속 진행한다.

⚐ 게임 종료

누군가 8점(3~4인 플레이), 12점(5~6인 플레이) 이상 해독 점수를 획득하면, 게임은 그 즉시 종료된다. 게임 종료 시 가장 점수가 높은 플레이어가 승리한다.

✪ 게임 TIP

❶ 보드게임을 매개로 학생들이 서로의 생각을 나누게 하려면 책에서 고른 문장을 쓰고 그 문장이 마음에 와닿은 까닭이 무엇인지 생각해 보게 한다.

❷ 문장을 쓸 때 앞뒤 맥락을 이해할 수 있도록 간단한 설명을 덧붙이면 좋다.

❸ 단어 카드에 있는 단어로만 문제를 낼 수 없다면 단어 카드를 뒤집어서 새로운 단어를 추가하거나 단어 카드를 1장 더 뽑을 수 있게 한다.

II. 코드북으로 수업 꾸리기

1 수업 개관

통합적인 독서 활동으로 구성된 이 수업은 책을 읽고 사건, 인물에 대한 다양한 생각을 나누고 이를 글로 표현하는 활동을 통해 의사소통 역량과 생각하는 힘을 길러 주는 데 그 목적이 있다. 기본 수업에서는 책의 이전 내용을 떠올리며 이야기를 나누고 코드북 보드게임 하는 방법을 익힌 뒤 책 속에서 자신의 마음에 와닿는 문장을 찾아 보드게임을 한다. 이를 바탕으로 등장인물의 성격이 드러난 문장을 찾아보고 등장인물이 추구하는 가치를 파악한다. 그리고 이 가치에 대해 토의하며 서로 소통하고 생각을 공유한다. 심화 수업에서는 주요 사건을 타임라인으로 정리, 요약하여 이야기 나누고 코드북 게임을 하면서 앞으로 일어날 일을 예상한다. 이어서 코드북에서 만든 문장을 활용하여 앞으로 일어날 일을 구체화하여 스토리보드를 만들고 그 결과물을 공유한다.

2 수업 핵심 내용

- 글의 구조를 고려하여 글 전체의 내용을 요약한다.
- 글을 읽고 글쓴이가 말하고자 하는 주장이나 주제를 파악한다.
- 작품에 대한 이해와 감상을 바탕으로 다른 사람과 적극적으로 소통한다.
- 작품에서 얻은 깨달음을 바탕으로 바람직한 삶의 가치를 내면화한다.

3 수업 한눈에 보기

주제	『푸른 사자 와니니』의 등장인물을 알아보고, 앞으로 일어날 일 예상하기	
기본	1~3차시 『푸른 사자 와니니』의 등장인물 알아보기	→	1 책의 내용 떠올리며 코드북 게임 하기 2 등장인물의 성격 알아보기 3 등장인물이 추구하는 가치 파악하기
심화	4~6차시 『푸른 사자 와니니』의 앞으로 일어날 일 상상하기	→	1 주요 사건 타임라인으로 정리하기 2 앞으로 일어날 일 상상하며 코드북 게임 하기 3 앞으로 일어날 일 상상하여 스토리보드 만들기

III. 코드북으로 수업하기

❶ 기본 수업 - 『푸른 사자 와니니』의 등장인물 알아보기

✏️ 활동 개관

1~3차시에 걸친 코드북 기본 수업의 소주제는 '『푸른 사자 와니니』의 등장인물 알아보기'이다. 코드북 보드게임을 통해 『푸른 사자 와니니』의 내용을 떠올리고, 등장인물의 성격과 가치를 파악하는 데 수업의 초점이 있다. 활동 1에서는 지난 시간에 읽은 책의 내용을 떠올리며 간단히 이야기를 나눈다. 이어서 코드북 게임을 하는 방법을 알아보고 규칙에 따라 보드게임을 한다. 활동 2에서는 코드북 보드게임을 통해 인물의 성격이 드러나는 문장을 찾아보고 이를 바탕으로 등장인물의 성격을 파악하는 활동을 한다. 활동 3에서는 인물의 성격을 토대로 인물이 추구하는 가치가 무엇인지 찾아보고 다양한 가치에 대해 토의하며 서로의 생각을 나눈다.

활동 1 | 책의 내용 떠올리며 코드북 게임 하기

🎵 활동 방법

❶ 지난 시간에 읽은 책의 줄거리를 떠올리며 책에 관해 이야기 나눈다.

　😊 "지난 시간에 읽었던 책의 내용을 떠올려 볼까요? 와니니는 어떻게 살아가고 있나요?"

　😄 "떠돌아 다니면서 닥치는 대로 먹고, 혼자 생활하는 불쌍한 사자가 되고 말았어요."

　😊 "와니니에게 지금 필요한 것은 무엇일까요?"

　😄 "사자는 혼자 살 수 있는 동물이 아니니까 친구가 필요해요."

　😊 "물가에서 와니니는 무슨 냄새를 맡았나요?"

　😄 "여러 동물의 냄새가 났는데 그중에 그날 밤 말라이카를 피투성이로 만들었던 침입자의 냄새도 있었어요."

　😊 "와니니가 맡은 침입자의 냄새는 누가 남긴 것일까요? 다음에 펼쳐질 이야기가 궁금하네요. 오늘은 지난 시간까지 읽은 내용을 구체적으로 떠올릴 수 있도록 코드북 보드게임을 해 볼까요?"

❷ 유튜브 영상 자료를 활용하여 코드북 게임 방법을 익힌다.

● 코드북 게임에 사용할 책 1권과 워크시트지 1장, 해독 카드를 나누어 갖는다.(해독 카드는 플레이어 숫자만큼 나누어 갖는다.)

● 워크시트지에 책을 읽으며 마음에 드는 문장을 적는다. 돌아가며 읽고 워크시트지를 내려놓으며 번호를 붙인다.

● 출제자는 단어 카드 4장을 더미에서 뽑아 내려놓고 단어 카드에 적힌 단어를 사용하여 문제를 출제한다.(워크시트지에 적힌 문장과 단어 카드 속 단어를 연결 지어 출제한다.)

● 출제자는 해독 카드를 내려놓고 다른 플레이어들에게 단어 힌트를 제시한다.

● 나머지 플레이어들은 자신이 생각한 정답을 동시에 공개한다. 출제자도 동시에 정답을 공개하여 점수를 계산한다.

● 점수를 계산하여 승자를 뽑는다.

❸ 학생들이 헷갈리기 쉬운 부분을 중심으로 게임 규칙을 다시 설명하며 정리한다.

🗨 "선생님이 몇 가지 중요한 규칙을 다시 설명해 줄 거예요. 잘 기억해 주세요."

- 플레이어의 인원수에 따라 해독 카드를 나누어 가진다. 예를 들어 5명이 함께 게임을 한다면 각각 1부터 5까지 적힌 해독 카드를 5장씩 나누어 가진다.
- 코드북 워크시트지에 책 속 문장을 적을 때에는 시간이 오래 걸리지 않도록 한다.
- 단어 카드에 제시된 단어를 선택하고 카드와 코드북 워크시트지에 적은 문장을 연결 지어 문제를 출제한다.
- 힌트로 제시한 단어와 문장을 어떻게 연결 지었는지 출제자의 생각을 알아맞히는 게 목표인 추리 게임이다.
- 모든 사람이 문제를 맞히거나 모든 사람이 문제를 맞히지 못하면 출제자는 점수를 얻을 수 없으므로 문제를 너무 어렵게 내어서도 안 되고 쉽게 내어서도 안 된다.
- 출제자가 낸 문제를 맞힌 사람이 1명 이상 있다면 출제자와 문제를 맞힌 사람은 2점을 얻는다.
- 라운드를 반복하여 누군가가 점수를 총 8점 이상, 12점 이상 얻게 되면 게임을 종료한다.

❹ 모둠별로 코드북 보드게임을 한다.

❺ 학생들의 활동을 관찰하면서 학생들이 코드북 워크시트지에 적은 내용을 살펴보고 왜 그 문장을 적었는지도 이야기할 수 있도록 안내한다.

🙂 "이야기의 주요 사건이나 인물의 말과 행동 중에서 의미가 있는 내용, 자신의 마음에 와닿는 문장을 적어 주세요. 다른 친구와 문장이 겹치지 않아야 게임이 훨씬 즐거워질 거예요."

🙂 "모두 워크시트지에 문장을 적었나요? 돌아가면서 자신이 적은 문장을 읽어 봅시다. 워크시트지에 번호를 붙여 주세요. 이 번호는 나중에 해독 카드로 정답을 맞힐 때 사용하는 번호입니다."

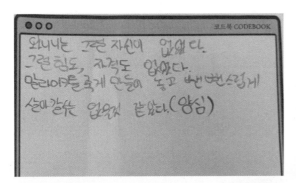
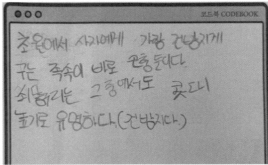
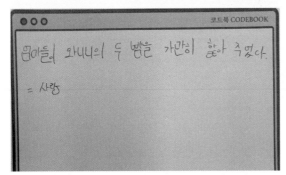
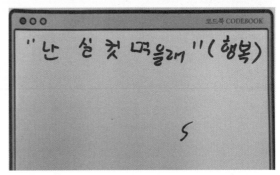

● 학생들의 코드북 워크시트지

❻ 출제자를 정하고 문제를 출제한다.

🙂 "모둠에서 누가 문제를 출제할지 정해 봅시다. 출제자는 4장의 단어 카드를 뽑아 주세요. 그리고 완성된 코드북 문장과 단어 카드 속 낱말을 관련지어 문제를 내 주세요. 문제를 너무 쉽게 내서 모둠 친구들이 모두 정답을 맞혀도, 또 너무 어려워서 모둠 친구들 모두가 정답을 맞히지 못해도 점수를 얻을 수 없으니까 난이도를 적절히 조정해야겠죠?"

🙂 "제가 낼 문제는 도깨비입니다. 도깨비와 관련된 문장을 찾아 주세요.(단어 카드 속에서 코드북에 적힌 문장들과 관련성이 있는 단어를 하나 선택한다.)"

❼ 정답을 공개하고 점수를 계산한다.

　💬 "출제자를 포함한 모든 사람은 해독 카드를 공개해 주세요."

　💬 "정답을 공개하겠습니다. (모두 해독 카드를 공개한다.) 제 정답은 4번입니다. '더 이상 우리 주변을 얼쩡대지 마!'가 도깨비가 몰래몰래 주변에 나타나는 것 같아 문제를 내 보았습니다."

　😀 "정답자가 있나요? 출제자의 문제를 맞힌 사람이 1명 이상 있다면 출제자와 문제를 맞힌 사람은 2점으로 계산해 주세요. 하지만 모든 사람이 문제를 맞히거나 모든 사람이 문제를 맞히지 못하면 출제자는 점수를 얻을 수 없으니 이 점을 유의해야 해요."

● 학생들이 코드북 보드게임을 하는 모습

✪ 활동 Tip

❶ 유튜브 매뉴얼 영상을 활용하여 코드북 게임을 하는 방법을 빠른 시간 안에 습득시키는 것이 좋다.

❷ 유튜브 매뉴얼 영상을 처음부터 끝까지 한 번에 보여 주는 방법보다는 중간중간 화면을 멈추면서 부연 설명을 하는 방법이 학생들의 이해를 돕는 데 효과적이다.

❸ 코드북 워크시트지에 문장을 적을 때에는 큰 의미가 없는 문장보다는 인물의 말과 행동, 주요 사건 위주로 적도록 안내한다.

❹ 문장을 잘 적지 못하는 학생에게는 교사가 예를 들어 설명해 주고, 의미가 크지 않은 의성어나 의태어에 집중하여 문장을 적는 학생에게는 그 문장을 선택한 이유를 이야기하게 한다.

❺ 문장을 찾는 데 시간이 오래 걸리는 학생이 있을 경우에는 다른 학생들에게 문장을 하나씩 더 찾아보게 하고, 어려움을 겪는 학생에게는 교사가 예시를 들어 준다.

❻ 코드북 메뉴얼에는 점수가 8점 이상이 될 경우 게임이 종료된다고 쓰여 있지만 수업은 점수를 매겨 승자를 가리는 데 목적이 있는 것이 아니므로 인물의 성격이 드러난 문장을 찾으며 책을 읽는 것에 더 큰 의미가 있음을 안내한다. 이에 8점이 된 학생이 없어도 게임을 종료할 수 있다.

💡 생생 수업 속으로

> 이 활동에서 보드게임은 엄격한 점수 산정보다는 다른 사람이 왜 그렇게 생각하는지에 대한 궁금증을 해소하고 책의 내용을 상기하는 데 도움을 주기 위해 활용된다. 그러므로 출제자가 낸 문제의 정답이 공개 되었을 때에 학생들 사이에서 공감의 탄성이 터져 나오거나 출제자의 입장에 서서 "왜?"라는 물음표를 떠올리게 하는 것이 이 활동의 핵심이다.

활동 2 │ 등장인물의 성격 알아보기

🎵 활동 방법

❶ 코드북 보드게임의 결과물을 활용하여 모둠별로 인물의 성격이 드러난 문장을 찾는다.

　🗨 "모둠별로 코드북 워크시트지를 살펴보고 인물의 성격이 드러난 문장을 찾아보세요. 왜 그렇게 생각하는지도 이야기 나누어 주세요."

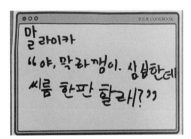 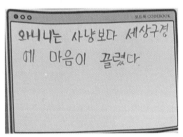 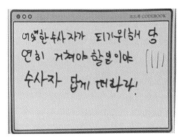

● 코드북 게임 결과물 중 인물의 성격이 드러난 문장

　🗨 "모둠 활동이 끝났나요? 모둠에서 찾은 인물의 성격이 드러나는 문장을 발표해 봅시다."

　🗨 "말라이카는 거만하고 으스대는 성격을 지닌 것 같습니다. 와니니에게 싸움을 걸고 말라깽이라는 표현으로 와니니를 무시하는 말을 했기 때문입니다."

❷ 주요 등장인물의 성격을 정리한다.

　🗨 "코드북에서 찾은 문장을 토대로 인물의 성격을 정리해 봅시다."

💬 "와니니는 순수하고 상대방을 배려하는 마음을 지녔습니다."

💬 "마디바는 냉철하고 무리를 이끄는 데에 책임감이 강합니다."

💬 "말라이카는 철이 없고 거만한 성격입니다."

💬 "우야마 엄마는 정이 많이 자기 새끼를 사랑하는 마음이 깊습니다."

✪ 활동 Tip

❶ 코드북 보드게임 결과물이 다음 차시의 수업 자료로 활용될 수 있도록 교사가 미리 걷어 두거나 학생들이 잘 보관할 수 있도록 한다.

❷ 인물의 성격은 하나로 정의할 수 없는 경우가 많다. 또 아이들마다 생각이 다를 수도 있다. 따라서 코드북 결과물을 함께 살펴보고 인물의 성격이 드러난 문장을 모둠별로 이야기 나누고 반 전체가 공유하는 활동으로 인물의 성격을 정리한다.

💡 생생 수업 속으로

이 활동은 인물의 성격이 드러난 문장을 찾아 인물의 성격을 함께 생각해 보는 데 중점을 둔 활동이다. 학생들 스스로 게임을 통해 얻은 결과물을 공유하고 이를 바탕으로 인물의 성격에 대해 생각해 본다. 이 활동을 하다 보면 자연스럽게 자신의 생각과 친구의 생각이 다름을 발견하게 된다. 이럴 때에 각자가 그렇게 생각한 이유를 이야기하며 서로 소통하는 아이들의 모습이 인상적이었다.

활동 3 | 등장인물이 추구하는 가치 파악하기

🎵 활동 방법

❶ 다양한 가치가 적힌 활동지를 바탕으로 그 의미를 알아본다.

💬 "여러분이 다양한 가치를 이해할 수 있도록 선생님이 활동지를 준비했어요. 가치마다 쓰인 예시를 읽으며 어떤 의미를 지녔는지 살펴봅시다. 여러분은 예를 들어 '믿음'과 관련한 경험이 있나요? 여러분이 이미 알고 있는 가치도 있을 것이고 오늘 새롭게 생각해 볼 가치도 있을 것입니다. 선생님이 가치에 대한 예시를 간단하게 적어 보았지만 더 많은 뜻을 담고 있는 가치도 있습니다."

❷ 코드북 보드게임 결과물에서 인물이 추구하는 가치가 드러난 문장을 찾는다.

💬 "다양한 가치의 의미를 생각하며 『푸른 사자 와니니』 속 등장인물이 추구하는 가치를 찾아볼까요? 마디바가 말라이카를 위험에 처하게 한 행동의 책임을 물어 와니니를 내쫓은 장면을 같이 봅시다. 마디바가 이 상황에서 어떤 말과 행동을 하나요? 마디바는 어떤 가치를 추구하는 것 같나요?"

💬 "공동체의 질서를 중요하게 생각하는 것 같습니다."

😊 "우두머리의 명령에 따라야 하는 초원의 규칙을 중요하게 생각하는 것으로 봐서 규범이라는 가치를 중요하게 생각하는 것 같습니다."

😊 "모둠별로 코드북 보드게임 결과물을 살펴보고 인물이 추구하는 가치가 드러난 문장을 찾아보세요."

"그래, 무리를 떠나는 것으로 벌을 받았어. 대가를 치른 거야. 이미 대가를 치른 일에 대해서는 죄를 묻지 않아. 그것이 시르의 법이야.(끈기)"
책임

"오빠는 어쩌면 인정머리가 없어? 쓰러져 있는 사자들이 불쌍하지도 않아? 그것도 어린 사자들인데!"(생명 존중). (측은지심)

하지만 어깨를 펴고 목을 곧게 들었다.(용기)

"이제 그만 울어야지. 넌 이제 어린애가 아니야. 무리를 떠나는 순간 어른이 된 거야."(사랑)

● 코드북 보드게임 결과물 중 인물이 추구하는 가치가 드러난 문장

❸ 인물이 추구하는 가치가 드러난 문장 중에서 함께 이야기 나눌 문장을 선택하고 월드 카페 토론을 한다.

😊 "인물들이 추구하는 다양한 가치에 대해 여러분은 어떤 생각을 가지고 있나요? 나와 직접 관련된 경험담을 이야기해도 되고 그 가치에 대한 나의 생각을 이야기해도 됩니다. 지금부터 월드 카페 토론으로 자신의 생각을 나누어 보도록 하겠습니다."

〈책 속에서 뽑은 토론 주제〉
1. "오직 우두머리의 명령에만 따르라고! 그것이 사자가 사는 법이야!"
   → 무리를 이루기 위해서 서로에게 필요한 것은 무엇일까요?
2. "가장 무거운 벌이 뭔데요?", "혼자가 되는 벌."
   → 무리를 위해 와니니를 내쫓은 마디바의 결정은 옳은 결정일까요? 무리를 위한 규칙과 관용 중에서 우선시되어야 하는 가치는 무엇일까요?

3. '쇠똥구리는 그중에서도 콧대 높기로 유명하다. 초원의 모든 똥을 치우는 역할을 맡고 있다는 자부심이 강하다.'

→ 여러분이 가진 자부심은 무엇인가요?

4. 여러분의 삶에서 중요하다고 생각하는 가치는 무엇인가요? 그 이유도 말해 주세요.

〈월드 카페 토론의 절차〉

1. 토론 주제를 토론 판에 적고 주제마다 호스트를 정한다.

2. 호스트를 제외한 나머지 토론자들은 자신이 이야기 나누고 싶은 주제로 가서 자신의 생각을 토론 판에 적는다.

3. 호스트는 토론자들이 토론 판에 적어 생각을 정리하면 토론을 진행한다.

4. 토론자들은 돌아가며 자유로운 분위기 속에서 자신의 생각을 이야기한다.

5. 모든 토론자가 자신의 생각을 이야기하고 난 후에 생각을 덧붙이거나 변화된 생각을 이야기해도 된다.

6. 한 가지 토론 주제에 대한 토론을 마치고 난 후에는 자리를 이동하여 다른 토론 주제에 가서 앞에 제시한 방법대로 토론에 참여한다.

7. 새로운 토론자들에게 호스트는 그 전 토론 내용을 간단히 정리하여 이야기해 준다.

✪ 활동 Tip

❶ 다양한 가치가 정리된 활동지를 살펴보며 가치의 의미를 정리하는 시간을 가져 다음 활동이 원활하게 이루어질 수 있도록 한다.

❷ 인물의 행동과 말을 가치와 연결 짓는 것에 어려움을 느끼는 학생들에게는 교사가 직접 여러 가지 예시를 제시하는 것이 좋다.

❸ 인물의 말과 행동을 가치와 연결 지을 때 학생들의 생각이 서로 다를 수 있다. 지나치게 어긋나는 가치가 아니라면 그대로 인정해 주며 허용적인 분위기를 조성한다.

☻ 생생 수업 속으로

'가치'라는 말이 일상생활에서 흔히 쓰이는 것이라고 하더라도 아이들이 문장에서 이를 찾아내기는 어려운 것이 사실이다. 이에 쉬운 예를 들어 의미를 파악하게 하였고 이를 코드북 보드게임 결과물에 적용하게 하였다. 아이들이 스스로 찾은 문장을 수업 자료로 활용했더니 아이들의 집중력과 수업 참여도가 더 높아지는 효과가 있었다.

소설에는 상반된 성격을 가진 인물들이 많이 나온다. 인물들이 추구하는 다양한 가치를 찾아보고 자유로운 분위기 속에서 월드 카페 토론을 하며 서로의 생각을 나누어 볼 수 있었다. 끝으로 내 삶에 중요한 가치는 무엇인지 함께 생각해 볼 수 있는 알찬 수업이었다. 그리고 아이들이 말하는 가치에 대한 생각을 들으며 조용히 고개를 끄덕이는 나를 발견할 수 있었다.

❷ 심화 수업 - 『푸른 사자 와니니』의 앞으로 일어날 일 상상하기

✐ 활동 개관

4~6차시에 걸친 심화 수업은 보드게임을 활용한 온오프라인 연계 수업으로, 온라인과 오프라인에서 동일한 수업을 할 수 있도록 구성한다. 이 수업은 『푸른 사자 와니니』의 책 내용을 요약하며 앞으로 일어날 일을 예상해 보는 데 그 초점이 있다. 활동 1에서는 책 속에서 주요 사건을 찾아보고 이야기를 구성하는 핵심 사건을 찾아 타임라인으로 정리한다. 활동 2에서는 활동 1에서 요약한 내용을 바탕으로 앞으로 일어날 사건을 예상해 본다. 또 이어서 온라인 수업용으로 변형된 코드북 게임의 규칙을 알아보고 코드북 게임을 하며 주요 사건을 찾고 공유한다. 활동 3에서는 코드북 보드게임 결과물을 토대로 앞으로 일어날 사건을 구체화하고 스토리보드를 작성한다.

활동 1 | 주요 사건 타임라인으로 정리하기

🎵 활동 방법

❶ 지난 시간에 읽은 책의 내용 중에서 주요 사건이 무엇인지 이야기 나눈다.

❷ 시간의 흐름에 따라 주요 사건을 타임라인으로 정리하고 요약한다. 이때 구글클래스룸을 활용하여 교사가 미리 과제를 올리고 학생들이 과제를 해결할 수 있게 한다.

※ 구글클래스룸은 온라인 수업과 오프라인 수업에서 모두 활용할 수 있는 수업 도구이다. 구글클래스룸이 온라인상의 교실이 되는데, 교사는 미리 템플릿(활동지)을 마련하여 구글클래스룸에 제시한다. 오프라인 교실에서 활동지를 배부하는 것을 온라인상에서 한다고 생각하면 이해가 쉽다. 교사와 학생들은 구글프레젠테이션과 구글문서 등의 도구를 사용하여 과제를 해결하고 제출한다. 또 공유 기능을 활용하여 하나의 구글프레젠테이션에 모둠 구성원이 협업하여 과제를 해결할 수도 있다. 이는 오프라인 교실에서도 얼마든지 활용할 수 있는데 모둠 활동을 온라인상에 하는 것과 같다.

● 구글프레젠테이션에 학생들이 타임라인으로 사건을 요약한 내용

❸ 타임라인으로 정리한 내용을 바탕으로 주요 내용을 요약하고 줌의 화면 공유 기능을 활용하여 발표한다.

시간별 정리한 내용을 바탕으로 오늘 읽은 내용을 요약해 봅시다.

와니니가 아산테와 잠보랑 무리를 이루고 잠들기전에 표효를 해달라고 함 하지만 떠돌이는 표효를 하면 않되서 하품만함 그리고 아산테와 잠보가 떠돌이가된 이야기를함 그리고 다음 사냥을 하려고 하지만 와니니는 사냥하는 법을 모르고 사냥감도 비가 않온지 석달째 접어들어서 적고 대부분 발빠른 사자나 무리가 있는 사자의 것임 그래서 와니니는 지금 사냥감이 없어서 힘듬

● 타임라인에서 정리한 내용을 바탕으로 학생이 요약한 내용

✪ 활동 Tip

❶ 구글프레젠테이션으로 학생들이 작업하고 있는 것을 피드백해 줄 수 있다.

❷ 본 수업은 온라인 수업 도구 중에서 구글클래스룸과 줌, 패들렛 등을 활용하였다. 이 외에도 온라인 수업에 활용할 수 있는 많은 수업 도구들이 있으므로 교사가 수업 의도나 목적에 따라 효과적인 수업 도구를 선택, 적용한다.

❸ 오프라인 수업에서는 구글클래스룸 대신 다른 방식으로 주요 사건을 타임라인으로 나타내거나 요약할 수 있다.

✪ 생생 수업 속으로

요약하기 활동은 많은 학생들이 어려워하는 활동이다. 글을 읽고도 어떤 내용이 중요한 내용인지를 파악하지 못하는 아이들이 많은 것이 현실이다. 이에 요약하는 방법을 시범으로 보여 주며 주요 사건에 대해 이야기하기도 하고 아이들의 활동을 중간중간 점검하여 피드백을 주었다. 주요 사건을 잘 간추린 아이들의 활동지를 공유해 주며 어려움을 겪는 아이들에게 도움을 주기도 하였다. 끝으로 타임라인을 통해 사건을 정리하고 요약한 내용을 발표하여 친구들이 찾은 중요한 사건에 대하여 이야기 나누었다. 책에서 서로가 중요하다고 생각한 사건을 진지한 태도로 이야기하는 아이들의 모습이 대견했다.

활동 2 | 앞으로 일어날 일 상상하며 코드북 게임 하기

🎵 활동 방법

❶ 앞으로 일어날 일을 상상해 본다.

　　😊 "와니니와 무리를 이룬 아산테와 잠보에게 앞으로 어떤 일이 펼쳐질까요?"

　　😊 "사냥하는 방법을 익혀 사냥에 성공할 것 같습니다."

❷ 모둠별로 앞으로 일어날 일을 상상하여 적을 수 있도록 패들렛 화면을 구성한다.

　　※ 패들렛은 온라인상에서 서로의 화면을 공유할 수 있는 수업 도구이다. 패들렛을 활용하면 하나의 화면에서 여러 명이 자신의 생각을 표현할 수도 있다. 패들렛에 쓰인 질문에 답변을 하고 다른 친구들이 작성하는 내용도 실시간으로 볼 수 있다.

　　😊 "지난 시간에 요약한 내용을 바탕으로 앞으로 일어날 일을 상상해서 패들렛에 적어 보세요."

● 패들렛에 앞으로 일어날 이야기를 상상하여 적은 내용

❸ 온라인 수업용으로 변형된 코드북 보드게임의 규칙을 안내한다.

〈온라인 수업 시 변형된 코드북 규칙〉
1. 패들렛에 앞으로 일어날 일을 상상하여 문장을 작성한다.(소속된 모둠에서 작성)
2. 교사가 단어 카드를 임의로 제시한다.
3. 교사가 제비뽑기로 출제자를 선정한다.
4. 출제자로 선정된 학생은 교사가 제시한 단어 카드에서 단어를 하나 정하고 몇 모둠에서 문제를 낼지 정해 말한다.(패들렛에 학급 학생 수만큼의 문장이 제시되어 있으므로 범위를 좁혀 문제를 낼 수 있도록 한다. 편의상 모둠에 제시된 문장을 차례대로 1번부터 순서를 매긴다.)
5. 나머지 학생들은 손가락으로 정답을 표시하거나 채팅창에 정답을 적는다. 이때 정답을 메모지에

적어 화면에 보여 줄 수도 있다.

6. 출제자는 정답을 공개하고 점수를 계산한다. 게임에 참여한 인원이 많으므로 점수 계산은 코드북 보드게임의 기본 규칙을 적용하기보다는 정답을 맞힌 사람들과 출제자만 1점씩 얻고 정답을 맞히지 못한 학생은 점수를 얻지 못하는 방식을 적용한다.

7. 다음 라운드는 위와 같이 반복하고 누군가가 먼저 3점을 얻으면 게임이 끝난다.

❹ 코드북 보드게임을 시작한다.

😊 "첫 번째 문제 출제자는 ○○입니다. 단어 카드를 보고 어느 모둠에서 문제를 낼지 생각해 보세요. 나머지 친구들도 나라면 어떤 문제를 낼지 생각해 봅시다."

😊 "4모둠에서 문제를 내겠습니다. 단어는 '사고'입니다. 사고와 관련된 문장을 찾아주세요."

😊 "편의상 4모둠의 첫 번째 문장부터 1번~4번 순서로 하겠습니다. 4모둠에서 적은 문장 중에서 사고와 관련 있다고 생각한 문장은 몇 번일까요? 모두 함께 정답을 공개할까요?"

😊 "(모두 화면이나 채팅창을 활용하여 정답을 공개한다.)"

😊 "○○은 정답을 공개해 주세요!"

😊 "4모둠의 1번이 정답입니다. 힘이 약한 와니니가 초원의 최강자인 무투를 만났다는 것은 '사고'같다고 생각했습니다."

😊 "정답자와 출제자는 모두 1점씩 얻겠습니다.

● 단어 카드를 줌의 화면 공유 기능으로 제시한 장면

● 학생들이 자신이 생각한 정답을 공개한 장면

✪ 활동 Tip

❶ 온라인상에서 하는 보드게임이므로 변형한 규칙을 되도록 간단하게 제시하여 학생들이 쉽게 이해할 수 있게 해야 한다.

❷ 패들렛은 사용하기 쉬운 수업 도구이므로 수업 중에 활용 방법을 익힐 수 있도록 한다. 패들렛 외에도 교사가 편리하다고 느끼는 수업 도구를 활용할 수 있다.

❸ 온라인 수업의 특성상 세 번, 네 번 정도 게임을 반복하는 것이 적당하다. 교사도 출제자가 되어 게임에 함께하면 학생들의 반응이 더욱 좋다.

❹ 단어 카드를 따로 사진으로 제시할 수도 있으나 패들렛에 한 번에 제시할 수도 있다.

🖐 생생 수업 속으로

온라인 수업을 설계할 때 최우선적으로 고려해야 하는 것은 학생들이 수업에 참여할 수 있는지 여부이다. 본 수업은 온라인과 오프라인을 연계하여 구성하였지만, 오프라인에서도 얼마든지 수업 시간에 스마트 기기를 활용하여 진행할 수 있다. 코드북은 모둠 활동으로 하는 것이 보통이나 스마트 기기를 활용하여 앞서 제시한 수업 형태로 게임을 진행한다면 전체 학생이 하나의 코드북을 만들 수 있다. 따라서 모둠별로 활동을 한 후에 추가적으로 학급 전체가 참여하는 게임으로도 변형하여 수업을 꾸릴 수 있을 것이다.

활동 3 | 앞으로 일어날 일을 상상하여 스토리보드 만들기

🎵 활동 방법

❶ 모둠별로 앞으로 일어날 일을 상상하여 스토리보드로 만든다.

　🎙 "지난 활동에서 앞으로 일어날 일을 상상하며 적은 문장을 코드북 보드게임을 하며 친구들과 공유했습니다. 그때 나왔던 문장들을 활용해서 모둠별로 앞으로 일어날 일을 스토리보드로 만들어 보겠습니다."

❷ 모둠별로 작성한 스토리보드를 바탕으로 앞으로 일어날 일을 발표한다.

　🎙 "모둠별로 작성한 스토리보드를 바탕으로 앞으로 일어날 일을 발표해 봅시다. 어떤 모둠의 스토리가 마음에 와닿는지 생각하면서 들어 봅시다."

상상해 봅시다.

와니니, 아산테, 잠보가 무리를 이루어 함께 살게 되었습니다. 그 이후에 어떤 일이 벌어질지 모둠별로 상상하여 하나의 이야기를 만들어 봅시다. 모둠구성원이 1개 문장 이상은 쓰기!

1. 함께 살다가 사냥을 하고 언제나 처럼 먹이 때문에 싸운다.

2 .함께 생활하며 또 싸우던 어느날 와니니들은 끝도 없는 싸움에 지치게 된다.

3. 싸움에 지친 와니니들은 서로 각자의 길을 걷게 된다.

4. 무리에서 떨어져 각자의 길들을 걷던 와니니들은 온갖수난에 도달하게 된다.

5. 온갖 수난을 격던 와니니들은 무리란 무엇인가,무리에 필요성등을 알게 된다.온갖수난을 격은 와니니들은 무리란 무엇인가 생각하게 된다.

6 . 서로에 필요성을 느낀 와니니들은 다시 서로 배려하며 무리를 지어 초원에서 제일 서로를 존중하는 무리로 뽑히게 된다.

---

1. 만남

와니니 무리는 위치를 옮기던 중 새로운 사자를 만나서 경계하게 된다.

2. 경쟁

만난 새로운 사자와 서로간의 경쟁이 시작된다.

3.퇴각

새로운 사자 무리는 멀리서 봐도 강해 보였기에 와니니 무리는 전투를 포기하고 도망쳤다

4. 다시생각

근데 와니니 무리는 도망치는 도중에 다시 생각 해보니 포기를 하지 말아야겠다고 생각 했다

5.도전

그래서 우리는 다시 다가갔다.

6. 승리

그래서 와니니의 무리는 숲 근처에서 적을 한마리씩 기습하며 마침내 전투에서 승리했다

● 구글문서에 모둠 구성원들이 협업하여 작성한 스토리보드 내용

✪ 활동 Tip

❶ 새로운 내용을 상상하기보다는 지난 시간에 코드북 보드게임에서 활용한 문장을 바탕으로 이야기를 이어 나갈 수 있도록 안내한다.

❷ 모둠에서 이어질 이야기를 만들 때에는 줌의 소회의 기능을 활용할 수도 있으며 구글문서 내에서 소통할 수도 있다. 또는 모둠에서 별도의 SNS를 활용하여 소통할 수도 있다. 다양한 도구와 매체 중 사용하기 편한 것을 선택해 이야기 나누게 한다.

❸ 구글클래스룸에 교사가 미리 과제를 올려놓고 모둠끼리 문서를 공유하여 작업하게 하면 좋다.

✋ 생생 수업 속으로

코드북 보드게임 결과물을 바탕으로 모둠별로 하나의 스토리를 완성하는 활동이었다. 모둠마다 인물의 특성, 앞선 내용과의 인과 관계 등을 고려하고 무한한 상상력을 바탕으로 서로 소통하며 자신들만의 스토리를 만들어 내는 모습이 인상적이었다. 이야기를 수동적으로 읽어 나가는 것이 아닌 내가 원하는 이야기를 이어 만드는 활동은 아이들에게 책을 읽는 재미를 느끼게 하는 계기가 될 것이다.

IV. 코드북으로 수업 응용하기

❶ 전 과목

과목에 상관없이 수업을 마무리할 때 주요 학습 내용을 적어 코드북에 정리하고 주요 키워드를 제시하여 보드게임을 할 수 있다. 게임 규칙 중 다음 내용만 변형하고, 나머지는 보드게임 정규 규칙으로 진행한다.

❶ 배운 주제에서 가장 중요하다고 생각하는 키워드를 별도로 마련한다.

❷ 단어 카드만 해당 교과 내용의 주요 키워드로 대체하고 기존 코드북 게임과 같이 진행한다.(예를 들어 사회 과목 경제 주제의 주요 키워드로는 경쟁, 자유, 선택 등이 있다.)

우리나라에서는 개인의 능력과
적성에 따라 자유롭게 직업을
선택할수있다.

· 가정 살림을 같이하는 생활 공동체를
가계라고 한다.
· 기업은 사람들에게 일자리를 제공하고,
사람들이 생활하는데 필요한 물건을
만들어 판매하거나 서비스를 제공해
이윤을 얻는다.

개인과 기업의 자유로운 경쟁은 국가의
경제 발전에 도움이 된다.
(물질이 아닌 돈이아닌것 안된다.)
(Jeong CEO)

❷ 미술

코드북으로 미술 감상 수업도 꾸릴 수 있다. 먼저 작가를 알아보고 작가의 주요 작품을 찾게 한다. 그리고 작가의 주요 작품을 묘사하는 글을 코드북(워크시트)으로 작성하여 작품을 감상한다. 게임 규칙 중 다음 내용만 변형하고, 나머지는 보드게임 정규 규칙으로 진행한다.

❶ 작가의 여러 작품 중 마음에 와닿는 작품 하나를 고르고 작품을 묘사하는 글을 워크시트지에 작성한다.

❷ 단어 카드를 작가의 주요 작품들로 대체하고 기존 코드북 게임과 같이 진행한다.

전체적으로 어둡지만 다양한 색이 동동하는
그림이다. 반 고흐가 고생을 행복 시작하고
싫어하는 생각이 느껴진다. 별이 빛나고 하늘빛
바람이 불고 도심에도 불어 켜진 곳이 마치
유토피아 같다.

살면서 처음 보는 그림이였지만 처음
보자마자 아름답다는 생각이 들었고
어두운 하늘과 까마귀들이 잘
어울리는 것 같다.

되게 못 사는 사람들의 먹는 장면을
그린 것 손이 약간 크게 그려졌는데
그것은 먹고 살 수 있게 해주는 것이
손 밭이다 라는 것을 알려주기위해
그렇게 그린 것이라고 한다.
되게 어두워서 뭔가 암울한 그런
느낌이 든다.

코로나 시국에서 코드북의 큰 장점은 온라인 수업에 활용할 수 있다는 점이에요. 창체 수업에 활용하면 친구들과 생각을 나누고 소통할 수 있어 학급 경영에도 도움이 되고요. 또 한 학기 한 권 읽기에도 적용하기 좋은 활용도 높은 보드게임이 바로 코드북이에요.

독서 단원에서 독서 전, 중, 후 활동 모두에서 활용할 수 있고 국어 교과서에 있는 지문을 가지고도 활용할 수 있다는 점이 좋았어요.

여러 권의 책을 놓고 돌아가면서 책 읽고 마음에 드는 문장을 찾아 코드북 보드게임을 하게 합니다. 여러 책을 탐색하게 할 때도 활용하기에 좋았습니다. 다만 활용성이 높다고 수업에 자주 적용하면 아이들의 흥미도가 떨어질 수 있으니 사용 횟수를 적절히 조정해야 해요. 아니면 게임을 변형해서 활용해도 되고요.

코드북을 활용한 수업을 하면서 어려웠던 점은 없었나요? 제 경우엔 주제에 맞는 문장을 찾는 데 어려움을 느끼는 학생들을 어떻게 도와줄 수 있을까 고민이 되더라고요. 다행히 제가 돌아다니면서 예를 들어 주니까 잘 따라오긴 했지만요.

게임을 할 때 모둠별로 걸리는 시간에 차이가 많이 나는 문제도 있더라고요. 문장의 수에 제한을 둔다던지, 한 번에 펴서 나온 쪽에서 한 문장만 골라서 쓰라고 했더니 진행이 매끄러워졌습니다.

인상 깊은 문장을 쓰라고 했을 때, 큰 의미가 없어 보이는 의성어나 의태어를 쓰는 학생들은 어떻게 하는 게 좋을까요?

저는 왜 그 문장을 썼는지 이야기하도록 했어요. 교사가 봤을 때 의미 없어 보이는 문장도 그것을 쓴 아이의 입장에서는 의미가 있을 수도 있고, 만약 장난을 치려고 그랬다면 이유를 말하기가 힘들기 때문에 다음 라운드에서는 그런 행동을 덜 하더라고요.

지금까지 독서 교육 및 독서 행사가 글쓰기, 독후화 그리기 등으로 획일적으로 이루어졌는데 코드북을 활용하면 독서 교육, 독서 행사의 지평을 조금이라도 넓힐 수 있지 않을까 생각합니다.

스파이폴 국어 수업

Ⅰ. 스파이폴과 친해지기

1 게임 소개

  스파이폴은 서로 돌아가며 질문과 대답을 하면서 해당 장소를 모르는 스파이 1명을 찾는 게임이다. 게임 인원은 3~6명으로 15분정도 소요되며 간단한 규칙으로 관찰력과 집중력, 추리력 등을 향상시킬 수 있는 보드게임이다. 요즘 예능 프로그램에 쉽게 볼 수 있는 라이어 게임은 이 스파이폴을 변형한 것이다. 스파이폴의 장점은 게임 방법을 쉽게 익힐 수 있고 여러 사람(최대 8명)이 즐길 수 있다는 것이다. 그리고 각각의 장소 카드 패키지에 스파이 카드를 1개씩 넣어서 여러 모둠에 전달하면 보드게임 1개만으로도 반 전체 학생이 게임을 즐길 수 있다. 또한 스파이폴 카드가 없더라도 장소 카드만 따로 제작하여 즐길 수 있다.

2 게임 방법

▶ 게임 준비

❶ 스파이폴은 30종류의 장소 카드가 7장씩 있고 스파이 카드가 30장이 있다. 게임을 시작하기 전에 동일한 장소 카드 7장과 스파이 카드 1장을 한 세트로 지퍼백에 넣어 덱으로 만들어 놓는다. 그렇게 해서 30개의 지퍼백에 카드를 장소별로 구별하여 정리한다.

❷ 덱을 정리할 때에는 맨 위에 스파이 카드를 두어 위에서 봤을 때 장소 카드가 보이지 않게 한다.

🕐 게임 진행

❶ 딜러를 1명 정해서 여러 카드 덱 중에서 하나를 고른다. 카드 덱을 잘 섞어서 플레이어 수만큼 장소가 보이지 않게 카드를 뒤집어서 1장씩 나눠 준다. 남은 카드는 장소가 보이지 않도록 치워 놓는다.

❷ 딜러는 스톱워치(시계, 휴대폰 등)를 8분에 맞춰 놓고 시간을 잰다.

❸ 질문은 딜러부터 하며 다른 플레이어 1명을 골라서 질문을 한다.
  – 질문할 때에는 한 번만 가능하며 추가 질문은 할 수 없다. 질문은 현재 장소와 연관이 있어야 한다.

– 질문에 답을 한 후, 바로 전에 질문했던 플레이어를 제외하고 나머지 사람 중 1명을 골라서 질문한다.

게임 종료

아래 ❶~❸ 중 하나의 상황이 발생했을 시에 라운드가 끝난다.

❶ 8분이 경과된 경우
– 플레이어들은 서로 의견을 나누면서 자유롭게 토론을 한다. 토론이 끝나면 순서대로 1명씩 스파이를 지목하여 찬반 투표를 하고 만장일치로 스파이로 찬성한 경우 지목받은 플레이어는 카드를 공개한다. 스파이가 맞다면 나머지 플레이어가 승리, 아니라면 스파이가 승리한다.
– 한 바퀴를 돌아도 찬반 투표에서 만장일치 찬성이 나오지 않은 경우에는 스파이가 승리한다.

❷ 1명이 매우 의심스러운 경우
– 모든 플레이어는 8분이 경과되기 전에 한 번 시간을 멈추고 스파이를 지목하여 찬반 투표를 제안할 수 있다. 만약 만장일치로 찬성이라면 라운드가 종료되고, 지목받은 플레이어는 카드를 공개한다. 스파이가 맞으면 나머지 플레이어가 승리하고, 틀리면 스파이가 승리한다.

❸ 스파이 등장
– 라운드 중 스파이는 시간을 멈추고 자신의 스파이 카드를 공개할 수 있다. 스파이 카드를 공개한 후, 다른 플레이어가 있는 장소를 맞힌다. 맞히면 스파이가 승리하고, 틀리면 다른 플레이어가 승리한다. 단, 스파이는 8분이 경과되기 전에만 이 행동을 할 수 있다.

추가 규칙

아래의 경우를 고려하여 여러 라운드를 진행하여 가장 점수를 많이 획득한 사람이 승리한다.

❶ 스파이가 승리한 경우
– 라운드 종료 후 찬반 투표를 했으나 찬성 만장일치가 나오지 않아 스파이를 발견하지 못한 경우 스파이가 2점을, 다른 플레이어가 스파이로 몰려 라운드가 종료되는 경우, 8분 경과 전에 스파이가 장소를 알아맞히는 경우에는 스파이가 4점을 획득한다.

❷ 일반 플레이어가 승리한 경우
– 스파이를 발견한 경우 일반 플레이어 모두 1점을 획득하고, 자신이 지목한 플레이어가 스파이일 경우 그 사람만 1점을 추가 획득한다.

게임 TIP

❶ 권장 연령은 14세 이상이지만 학생 수준을 고려하여 장소 카드를 제거하고 진행한다면 초등학교 고학년도 충분히 플레이 가능하다.(활동 1의 Tip 참조)

II. 스파이폴로 수업 꾸리기

1 수업 개관

이 수업은 초등학교 고학년 국어 수업으로, 스파이폴 보드게임을 통해 스파이를 추론해 보고 누가 스파이인지 주장과 근거를 들어 가며 토론하는 것에 그 목적이 있다. 수업은 '스파이폴로 추론하고 토론하기'라는 주제 아래 총 4차시로 구성한다. 기본 수업은 본격적인 스파이폴 수업을 하기 위한 준비 단계이다. 보드게임 방법 익히기, 스파이 및 장소 추리 방법 익히기, 질문지 제작 등을 포함하여 수업을 구성하였다. 심화 수업은 기본 수업을 바탕으로 한 토론으로 이루어진다. 스파이 추리하기, 주장과 근거를 들어 토론하기, 수업을 통해 알게 된 점 공유하기 등을 포함하여 수업을 구성한다.

2 수업 핵심 내용

- 의견을 제시하고 조정하며 토의한다.
- 절차와 규칙을 지키고 근거를 제시하며 토론한다.
- 드러나지 않거나 생략된 내용을 추론하며 듣는다.
- 적절한 근거와 알맞은 표현을 사용하여 주장하는 글을 쓴다.

3 수업 한눈에 보기

주제		스파이폴로 추론하고 토론하기
기본	1~2차시 스파이폴 알아보기	1 스파이폴 게임 방법 알아보기 2 스파이 및 장소 추리 방법 익히기 3 질문지 제작하기
심화	3~4차시 스파이폴로 토론하기	1 스파이 추론하기 2 주장과 근거를 들어 토론하기 3 수업을 통해 알게 된 점 공유하기

III. 스파이폴로 수업하기

❶ 기본 수업 - 스파이폴 알아보기

✏️ 활동 개관

1~2차시에 걸친 스파이폴 기본 수업의 소주제는 '스파이폴 알아보기'이다. 이 수업은 스파이폴 보드게임을 알아보고, 스파이와 장소를 추론하고, 질문지를 제작하는 데 그 초점이 있다. 활동 1에서는 스파이폴 게임 방법을 유튜브 영상을 통해 익히고, 중요 규칙을 숙지한다. 활동 2에서는 스파이폴 역할극을 보면서 스파이와 장소를 추리하는 방법을 익힌다. 활동 3에서는 질문지를 작성하여 자신이 질문자가 되었을 때 던질 수 있는 질문을 미리 생각해 본다.

활동 1 | 스파이폴 게임 방법 알아보기

🎵 활동 방법

❶ 유튜브 영상 자료를 활용하여 스파이폴의 게임 방법을 익힌다.

● 딜러부터 한 사람을 정하여 장소와 관련된 질문을 한다.

● 질문에 답을 한 후, 바로 전에 질문했던 플레이어를 제외한 나머지 플레이어 중에서 1명을 골라 질문한다.

● 질문과 답변을 계속 주고받으면서 스파이 카드를 가진 사람을 찾는다.

● 제한 시간 8분이 끝나면 해당 라운드를 종료한다.

● 플레이어들과 의심되는 점에 대해 토론하며 스파이로 추측되는 플레이어를 지목한다.

● 스파이 카드를 가진 플레이어는 카드를 공개하고 점수를 매겨서 승부를 가린다.

❷ 학생들이 간과하기 쉬운 부분을 중심으로 게임 규칙을 다시 설명하며 정리한다.

💬 "선생님이 몇 가지 중요한 규칙을 다시 설명해 줄 거예요. 잘 기억해 주세요."

– 질문에 답을 한 후, 바로 전에 질문했던 플레이어에게 다시 질문하지 않는다.
– 질문은 현재 장소와 연관이 있어야 한다.
– 질문은 한 번만 할 수 있으며 추가 질문은 못 한다.
– 노골적이거나 명백한 질문은 피하는 것이 좋다.

💬 "우리 반에 맞게 선생님이 변형한 부분에 대해서 설명해 줄 거예요. 이것도 잘 기억하세요."

– 스파이폴 카드에는 장소와 함께 역할도 나오지만 이 수업에서는 장소만 고려하여 게임을 진행한다.
– 선생님이 선정한 24개의 장소 목록을 바탕으로 게임을 진행한다.(아래 표 참조)
– 제한 시간 8분이 지난 후 간단히 협의한 뒤 먼저 각자 스파이를 지목한다. 그 후에 학습지에 내가 선정한 스파이와 그 이유를 적는다. 다 적었으면 발표하고 스파이를 확인한다.
– 스파이를 맞힌 사람은 1점을 얻는다. 아무도 스파이를 맞히지 못한 경우에는 스파이가 1점을 얻는다. 그리고 스파이가 장소를 맞힌 경우에는 추가로 1점을 얻는다.

✪ 활동 Tip

❶ 교사가 구성물을 들고 직접 설명만 하기보다는 먼저 영상을 보여 주고 학생들이 스파이폴을 하는 모습을 머릿속에 그려 가면서 규칙을 이해하게 한다. 그 후 교사의 설명이 곁들여지면 효과적이다.

❷ 장소 카드에는 카지노, 회사 송년회, 중세 군대. 대사관, 영화 촬영소, 나이트클럽 등이 포함되어 있다. 초등학생을 대상으로 게임을 진행한다면 학생들이 해당 장소를 잘 모를 수 있으므로 아래와 같이 장소 카드 목록을 구성해 놓고 위의 카드 세트를 빼고 게임을 진행하면 좋다.

여객기	놀이공원	은행	해변	축제	대형 마트
서커스	온천	병원	호텔	군부대	공연장
여객선	열차	해적선	남극 기지	경찰서	대학교 연구실
레스토랑	학교	자동차 정비소	우주 정거장	잠수함	동물원

❸ 본 게임 전에 교사가 선정한 24개의 장소 목록을 살펴보게 한다. 스파이로 선택된 학생은 필요시 장소 목록 자료를 참고하여 장소를 맞힌다. 이때 카드를 노골적으로 보면 스파이로 의심받을 수 있기

때문에 다른 플레이어 몰래 보도록 한다.

❹ 스파이의 목적은 8분 동안 자신의 정체를 숨기고 질문과 대답을 통해 장소를 정확하게 추측하는 것이다. 자신이 지목받기 전에 각종 대화에 적극적으로 참여해 자신이 스파이임을 눈치채지 못하게 해야 한다.

❺ 일반 플레이어들은 스파이에게 장소를 들키지 않기 위해서 너무 노골적이거나 명백한 질문은 피해야 한다. 또한 스파이로 지목되지 않도록 너무 답을 애매모호하게 하지 않는다.

❻ 스파이폴 카드는 장소와 함께 역할도 나온다. 역할까지 포함하여 게임을 진행하면 초등학생 수준에는 어려울 수 있기 때문에 본 차시에서는 장소만 고려해서 게임을 진행한다.

❼ 학생들이 질문하는 것을 어려워한다. 본 게임을 하기 전에 질문 만들기를 미리 연습하여 게임이 원활하게 진행될 수 있도록 한다.

💡 생생 수업 속으로

스파이폴은 게임 규칙과 방법이 비교적 단순하다. 또한 여러 예능 프로그램에서 스파이폴을 변형한 게임을 하여 학생들이 더욱 쉽게 게임 방법을 이해할 수 있었다. 해당 예능 영상을 보여 주는 것으로 학습 동기를 유발하는 것도 좋은 도입 활동이 될 수 있다.

활동 2 | 스파이 및 장소 추리 방법 익히기

🎵 활동 방법

❶ 모둠별로 스파이폴 역할극 대본에 따라 역할극을 하며 스파이를 추리하는 방법을 익힌다.

이번 장소는 '여객기'입니다.

학생 1: 학생 2님, 여기 분위기는 어때요?
학생 2: 북적북적하기도 하고 조용할 때도 있습니다. 여기 있으면 즐겁습니까?
학생 4: 네, 즐겁고 신나죠. 여기에서는 음식을 먹을 수 있나요?
학생 1: 네, 먹을 수 있죠. 여기에 보통 얼마나 자주 갑니까?
학생 2: 흠, 아주 가끔씩 갑니다. 피곤하면 잘 수도 있나요?
학생 3: 그런 사람은 별로 보지 못했는데요. 동물을 자주 볼 수 있는 곳인가요?
학생 4: 그렇게 자주 보이지는 않네요. 오래 있고 싶은 곳인가요?
학생 2: 너무 오래 있기는 불편합니다. 어떤 소리가 자주 들리나요?

학생 3: 사람들의 함성 소리가 자주 들리네요.

제한 시간 8분이 종료되었습니다.

학생 2: 저는 학생 3이 스파이인 것 같습니다.

● 스파이 추론 역할극 시나리오

"학생 2가 학생 3이 스파이인 것 같다고 한 까닭은 무엇일까요?"

"답이 여객기인데 여객기와 관련 없는 동물에 대한 질문을 했기 때문입니다."

"학생 3의 대답이 '여객기'와 어울리지 않는다고 생각해서 스파이로 지목한 것 같습니다. 학생 3
은 이곳에서 함성 소리가 자주 들린다고 했는데, 아마도 해당 장소를 놀이공원이라고 생각하는
것 같습니다. 이런 이유로 학생 3을 스파이라고 했습니다."

"그렇다면 스파이를 찾기 위해서는 어떻게 해야 할까요?

"질문과 대답을 통해 해당 장소와 관련 없는 이야기를 하는 사람을 찾아야 합니다."

❷ 모둠별로 장소와 관련된 역할극 대본을 받아서 역할극을 하며 스파이가 되어 장소를 추리하는 방법
을 익힌다.

학생 1: 학생 2님, 여기 분위기는 어때요?
학생 2: 보통 환하고 북적북적하네요. 여기는 몇 시쯤 문을 여나요?
학생 4: 보통 오전에 열죠. 여기서는 음식을 먹을 수 있나요?
학생 1: 네, 음식을 먹을 수 있죠. 여기에 보통 얼마나 자주 갑니까?
학생 2: 흠, 저는 자주 갑니다. 주로 남자들도 많이 가나요?
학생 3: 주로 여자들이 많이 보이네요. 어떤 소리가 주로 나나요?
학생 4: 이야기 소리, 무엇을 찍는 소리도 나네요.

● 장소 추론 역할극 시나리오

"대화를 들어 봤는데 장소가 어디인 것 같나요?"

"저는 레스토랑인 것 같습니다. 음식도 먹을 수 있고 분위기는 북적북적하기 때문입니다."

"저는 대형 마트인 것 같습니다. 대형 마트는 오전에 열고 계산을 할 때 바코드 찍는 소리가 들리
기 때문입니다."

"네, 정답은 대형 마트예요. 레스토랑인지 대형 마트인지 헷갈릴 수 있는데 문 여는 시간과 들리
는 소리를 고려해 보면 해당 장소가 대형 마트라는 것을 알 수 있어요."

😀 "여러분이 앞에서 활동했던 것처럼 스파이와 장소를 정확하게 추리하기 위해서는 어떻게 해야 할까요?"

😀 "대화 내용을 잘 듣고 대화에서 찾을 수 있는 단서를 확인합니다."

😀 "자신이 평소에 알고 있는 사실과 경험한 것을 떠올려 보고 대화 내용과 연관 지을 수 있는 것이 무엇인지 생각해 봅니다."

😀 "네, 맞아요. 대화 내용을 주의 깊게 듣고 대화에서 찾을 수 있는 단서와 자신이 알고 있는 사실과 경험을 바탕으로 해당하는 장소를 찾아야 해요. 그리고 이 과정에서 해당 장소와 어울리지 않는 질문이나 대답을 한 사람을 스파이로 지목할 수 있어요."

✪ 활동 Tip

❶ 몇몇의 학생들과 함께 사전 스파이폴 역할극을 동영상으로 제작하여, 학생들에게 보여 준다.

❷ 스파이를 추측하는 역할극의 경우에는 미리 정답을 제시하여 자신을 장소 카드를 가지고 있는 플레이어로 가정하고 스파이가 누구인지 생각하면서 역할극을 살펴보게 한다.

❸ 장소를 추측하는 역할극의 경우에는 자신을 스파이 카드를 가지고 있는 플레이어로 가정하고 장소를 모르는 상태에서 다른 사람의 질문과 대답을 통해 장소를 추측하며 역할극을 살펴보게 한다.

✪ 생생 수업 속으로

장소와 관련된 질문과 대답을 통해 스파이나 장소를 추리하는 것은 초등학생들에게 어려운 일일 수 있다. 그래서 대화의 전체적인 흐름에 집중하여 스파이나 장소를 추리하는 것이 아니라 그때그때의 느낌에 따라서 스파이를 정하는 학생이 많다. 스파이는 대화 진행 중에 어떠한 질문에는 빗나가는 답변을 하기 마련이다. 학생들이 집중하여 이러한 단서를 통해서 스파이를 추론해 나갈 수 있도록 하는 것이 필요하다. 이에 스파이와 장소 추리 예시 자료로 역할극을 제공하는 것을 추천한다. 학생들은 역할극을 통해 실제 게임 상황에서 스파이는 어떻게 찾고 장소는 어떠한 근거를 통해서 찾는지 생생하게 느낄 수 있다. 위활동을 통해 학생들은 친구의 외적인 요인이나 느낌에만 의존하여 스파이를 추론해서는 안 되고 대화 내용을 잘 듣고 의심되는 여러 부분에서 단서를 찾아보는 것이 매우 중요하다는 사실을 자연스럽게 깨닫게 된다.

활동 3 | 질문지 제작하기

♫ 활동 방법

❶ 질문지를 제작하는 방법을 안내한다.

> "이번에는 질문지를 만들어 볼게요. 어떤 내용으로 장소 맞히기에 대한 질문지를 만들면 좋을까요?"
>
> "분위기에 대해 물어보면 좋을 것 같습니다."
>
> "그 장소에 가 본 경험이나 횟수 등을 물어볼 것입니다."
>
> "거기서 볼 수 있는 것을 물어보면 좋을 것 같습니다."
>
> "같이 가는 사람, 주로 가는 성별 등을 물어보면 좋을 것 같습니다."

❷ 예시 질문을 바탕으로 질문을 만든다.

> "네, 여러분이 말한대로 질문을 할 수 있어요. 선생님이 작성한 질문 예시를 참고해서 여러분 나름대로의 질문지를 작성해 보세요. 학교, 병원, 열차, 레스토랑 등 익숙한 장소들을 떠올려 보고 내가 만약에 질문을 한다면 어떤 것을 할 수 있을지 생각하면서 질문지를 작성해 보세요."

질문지 제작 방법을 익혀 질문 제작하기

〈 질문의 예시 〉

· 분위기는 어떤가요?
· 얼마나 자주 가나요?
· 누구랑 갔나요?
· 돈이 많이 필요 하나요?
⋮

- 분위기가 어떤가요? - 어린이가 많이 가나요?
- 누워있는 사람이 많은가요? - 어른이 많이 가나요?
-          여름에 많이 가나요? -
- 음식을 먹을수 있나요? - 동물이 많은 편요?
- 사람들이 많이 가나요? - 거기 메뉴래있나요?
- 실내인가요, 실외인가요? - 그 외 향기는 어떠한가요?

● 질문 예시 및 학생이 작성한 질문지 예

❸ 작성한 질문을 발표한다.

> "여러분이 생각한 질문을 발표할 친구 있나요?"
>
> "실내인가요? 실외인가요?'라고 질문할 수 있습니다."
>
> "그곳의 향기는 어떠한가요?'라고 질문할 수 있습니다."

❹ 작성한 질문을 모아서 정리한다.

✪ 활동 Tip

❶ 학생들이 질문지 만들기를 어려워할 수 있다. 따라서 교사는 질문할 수 있는 요소나 핵심 단어들을 최대한 다양하게 생각해 보게 하고 그러한 사례들을 전체 학생과 공유하도록 한다.

❷ 장소와 관련된 직접적인 정보를 포함하지 않으면서 최대한 여러 장소에 걸쳐 적용될 수 있는 질문을 생각하게 한다.

💡 생생 수업 속으로

> 스파이폴 게임에서 질문의 비중은 굉장히 크다. 질문을 통해 스파이인지 떠볼 수도 있고 때로는 스파이로 확실시되는 사람을 몰아붙일 수도 있다. 때로는 자신이 스파이가 아니라는 것을 느끼게 할 수도 있다. 특히 학생들이 스파이와 심리전을 하면서 질문을 해야 하기 때문에 직접적으로 장소 정보를 물어보지 않으면서 간접적으로 느낄 수 있는 방법으로 질문을 해야 한다. 학생들이 이러한 방법으로 질문하는 것을 어려워하기 때문에 교사가 어느 정도의 예시 질문을 제공해야 한다. 그러면 학생들이 교사가 제시한 예시 자료를 바탕으로 자신의 생각을 덧붙여서 기발한 질문을 만들어 나갈 수 있다. 그리고 학생들은 교사로부터 질문지에 대한 피드백도 받을 수 있다. 질문지가 완성되면 교사는 학생들이 만들어 낸 기발한 질문까지 포함하여 예시 자료를 제공하여 게임에 활용하도록 한다.
>
> 하지만 이러한 활동을 하더라도 막상 게임을 하다 보면 질문하는 것에 익숙하지 않아 앞서 봤던 질문이 떠오르지 않고 머릿속에 맴도는 경우가 많다. 그리고 자기 차례에 어떤 질문을 해야 할지에 대해서만 생각하고 정작 중요한 스파이와 장소를 추리하는 것을 간과할 수 있다. 이때에는 질문 예시 자료를 제공하여 필요시에는 자료를 보고 쉽게 질문을 할 수 있도록 한다.

❷ 심화 수업 - 스파이폴로 토론하기

✏️ 활동 개관

> 3~4차시에 걸친 스파이폴 심화 수업의 소주제는 '스파이폴로 토론하기'이다. 스파이폴 게임을 하며 각자 스파이를 추론해 보고 주장과 근거를 들어 "누가 스파이일까?"를 논제로 한 토론에 참여하는 데 수업의 초점이 있다. 활동 1에서는 모둠별로 스파이폴 보드게임을 진행하면서 각자 스파이를 추론하고 주장과 근거를 들어 자신의 의견을 발표한다. 활동 2는 전체 활동으로, 대표 학생 4명을 선정하여 교실 앞으로 나오게 하여 대표적으로 보드게임을 진행한다. 그리고 투표를 통해 스파이를 선정한 후 스파이가 맞는지 찬반 토론을 한다. 활동 3에서는 수업을 통해 알게 된 점을 함께 공유하며 수업 활동을 정리한다.

활동 1 | 스파이 추론하기

🎵 활동 방법

❶ 모둠별로 스파이폴 보드게임을 한다.

💬 "지금부터 모둠별로 스파이폴 보드게임을 진행하도록 하세요. 모둠에서 한 사람이 앞에 나와 바구니에 있는 여러 카드 덱 중에서 하나를 골라 가져가세요. 게임을 진행하다가 모르는 것이 있으면 손을 들어 주세요."

💬 "선생님이 장소 목록을 나눠 줄 거예요. 필요하면 장소를 참고하며 게임을 해도 좋아요. 선생님이 학습지도 나눠 줄 거예요. 제한 시간 8분이 지나면 각자 스파이를 지목하고 학습지에 4단 논법으로 주장과 근거를 적어서 누가 스파이인지 학습지에 써 보세요. 그리고 한 사람씩 돌아가며 자신이 쓴 것을 이야기한 뒤 스파이를 확인하면 돼요."

💬 "선생님이 한 모둠을 골라서 여러분이 게임을 하며 나눈 대화 내용을 메모할 거예요. 당황하지 말고 계속 게임을 진행해 주세요."

학생 1: 분위기가 어떤가요?
학생 2: 밝기도 하고 어둡기도 합니다. 그 장소를 좋아하나요?
학생 4: 네, 좋아합니다. 음식을 먹을 수 있나요?
학생 3: 음식을 먹을 수 있죠. 장소가 시끄럽나요?
학생 1: 조용할 때도 있고 시끄러울 때도 있습니다. 몇 번 정도 가 봤나요?
학생 4: 아주 가끔 가 봤습니다. 무엇이 보이나요?
학생 3: 재미있는 것이 보입니다. 누구랑 가 봤나요?
학생 1: 가족과 함께 갔죠. 오래 있고 싶은 곳인가요?
학생 2: 오래 있고 싶죠. 사람이 얼마나 있나요?
학생 4: 사람이 많을 때가 많죠.

시간이 종료되었습니다. 스파이를 지목해 봅시다. 학생 1과 학생 2는 학생 3을 스파이로 지목했습니다. 학생 3은 학생 1을 스파이로 지목했고, 학생 4는 학생 2를 스파이로 지목했습니다. 의견이 분분한데요, 한 사람씩 주장과 근거를 들어 가며 자신이 스파이를 지목한 이유를 이야기해 봅시다.

학생 1: 저는 학생 3이 스파이라고 생각합니다. 왜냐하면 질문을 받을 때마다 얼굴이 빨개졌고, 질문을 할 때 장소를 잘 모르는 사람처럼 이야기했기 때문입니다.
학생 2: 저도 학생 3이 스파이라고 생각합니다. "무엇이 보이나요?"라고 질문했을 때, '재미있는 것이 보인다'고 대답했기 때문입니다. 이 대답이 해당 장소와는 거리가 멀기 때문에 학생 3이 스파이라고 생각합니다.

학생 3: 저는 학생 1이 스파이라고 생각합니다. 왜냐하면 문제에 대해서 답을 할 때 정확하게 말하기 보다는 애매하게 대답을 했기 때문입니다. 자신이 스파이인 것을 들키지 않기 위해서 그렇게 한 것 같습니다.

학생 4: 저는 학생 2가 스파이라고 생각합니다. 학생 2가 밝기도 하고 어둡기도 하다며 대답을 애매 하게 했기 때문입니다.

스파이 카드를 가지고 있는 사람은 스파이 카드를 보여 주세요. 학생 3이 스파이이네요. 학생 3은 자 신이 생각하는 장소를 이야기해 봅시다.

학생 3: 저는 놀이공원이라고 생각했습니다.

나머지 친구들은 정답을 공개합니다. 정답은 '레스토랑'이었습니다.

● 스파이폴 보드게임 플레이 대화 내용

누가 스파이일까?

이름: _____

◉ 스파이를 찾아라! 내가 생각하는 스파이를 찾고 그 근거를 적어 봅시다.
○ 주장: 나는 스파이가 (   )이라고 생각한다.
○ 근거: _____
_____
_____
_____
_____

○ 설명: _____
_____
_____
_____

○ 정리: _____
_____
_____
_____

● 주장과 근거를 들어 스파이 추리하기 학습지

✪ 활동 Tip

❶ 학생들이 근거를 들어 스파이를 추리할 수 있도록 대화 내용에 집중하게 한다.

❷ 대화 내용을 기억하기 위해 필요하면 종이에 간단히 메모하도록 한다.

❸ 교사가 여러 카드 덱을 준비하여 모둠에서 한 사람씩 나와 카드 덱을 골라서 가져가도록 한다.

❹ 장소 목록을 너무 티 나게 자주 보면 스파이로 의심받을 수 있음을 안내한다.

✪ 생생 수업 속으로

학생들이 처음 스파이폴을 하면 실수하는 것이 몇 가지 있다.

첫째, 자신에게 질문했던 사람에게 다시 질문한다. 이때에는 자신에게 방금 전에 질문했던 사람을 제외하고 다른 사람에게 질문해야 한다고 안내한다.

둘째, 추가 질문을 한다. "어떤 사람이 많이 갑니까?"와 같이 묻고 "어린 사람들이 많이 가죠."라고 상대방이 답하면 "그럼 초등학생이 특히 많이 가나요?"와 같은 질문을 던져 대답한 내용을 구체적으로 되묻는 경우가 있다. 이때에는 추가 질문을 할 수 없음을 안내한다.

셋째, 노골적으로 장소를 알 수 있는 답변을 한다. 자기가 받은 장소를 게임이 끝날 때까지 말하면 안 되는데 자기도 모르게 "학교에는 그거 없는데."와 같이 장소를 말해 버리는 경우가 있다.

넷째, 게임에 집중한 나머지 시간 체크를 간과한다.

이와 같은 실수가 반복되지 않도록 강조하고, 다양한 시행착오가 있을 수 있기 때문에 모둠별로 약 30분 정도로 게임을 할 수 있도록 시간을 충분히 확보하는 것이 좋다.

이 활동을 진행하며 학생들이 논리적으로 자신의 입장을 제시할 수 있게 하기 위해 4단 논법으로 주장과 근거를 들게 하였다. 참고로 4단 논법은 주장, 근거, 설명, 정리 형태로 자신의 의견을 제시하는 것을 말한다. 첫 번째로 자신의 주장을 제시한다. 두 번째로 주장에 대한 근거를 적는다. 세번째로 자신의 경험, 책, 신문기사, 전문가의 의견 등을 통해서 예를 들면서 근거에 대하여 설명한다. 네 번째로 주장을 정리한다. 이와 같은 4단 형식에 맞춰서 학습지에 자신의 생각을 적게 하면 논리력을 기르는 데 도움이 된다.

활동 2 | 주장과 근거를 들어 토론하기

✪ 활동 방법

❶ 전체 학생 중 4명을 뽑고 앞으로 나와 스파이폴 보드게임을 한다.

　💬 "모둠별로 스파이폴 보드게임을 잘 해 봤나요? 이번에는 우리 반 전체 학생을 대상으로 스파이폴 보드게임을 해 볼게요. 앞에 나와서 대표로 스파이폴을 해 볼 친구 있나요?"

💬 "학생 1, 학생 2, 학생 3, 학생 4 친구들이 대표로 스파이폴을 하겠어요. 다른 친구들은 잘 보고 누가 스파이인지 생각해 보세요. 그 사이에 선생님은 친구들이 이야기한 내용을 메모장에 적어서 정리해 볼게요. 그럼 지금부터 게임을 시작하겠어요."

💬 "제한 시간 8분이 지났어요. 이제 스파이가 누구인지 거수로 알아볼게요. 학생 1이 제일 득표를 많이 했네요."

장소=열차, 스파이=학생 1

학생 1: 분위기가 어떻나요?
학생 2: 들뜬 분위기입니다. 음식을 먹을 수 있나요?
학생 3: 음식을 먹을 수는 있죠. 몇 번 정도 가 봤나요?
학생 4: 2년 전에 한 번 가 본 것 같습니다. 무엇이 보이나요?
학생 1: 구름이 많이 보입니다. 누구와 같이 갔나요?
학생 2: 가족과 함께 갔죠. 사람들은 얼마나 있나요?
학생 3: 보통은 가득 타 있죠. 거기 있으면 느낌이 어떤가요?
학생 1: 설레기도 하지만 가끔 긴장이 되기도 합니다. 오래 있고 싶은 곳인가요?
학생 3: 처음에는 오래 있고 싶다가도 계속 있기는 힘들죠. 장소가 시끄럽나요?
학생 4: 사람들 이야기 소리랑 움직이는 소리가 조금 들리긴 하지만 타다 보면 시끄럽지 않습니다.

● 스파이폴 전체 활동 시 대화 내용을 기록한 메모장 자료

❷ 학생들의 의견을 바탕으로 토론 주제를 정한다.

💬 "학생 1이 득표를 많이 했지만, 학생 3이 스파이라는 의견도 많았어요. 우리 이 부분을 가지고 토론을 해 볼까요? 토론 주제는 어떻게 정하면 좋을까요?"

💬 "학생 1이 스파이가 맞다로 정하면 좋겠습니다."

❸ 토론 절차를 정리하고 절차를 지켜 토론한다.

💬 "신호등 토론을 해 볼게요. 토론 순서는 칠판에 제시한 표와 같아요."

순번	단계	세부 내용
1	최초 입장 표시	찬성, 반대, 중립의 색깔 카드로 최초 입장 표시
2	주장 펼치기	찬성편과 반대편 의견 발표하기
3	최종 입장 표시	찬성, 반대, 중립의 색깔 카드로 최종 입장 표시

😊 "여러분에게 빨강, 노랑, 초록색 신호등 표지판을 나눠 줄 거예요. 초록은 주제에 대해서 찬성, 노랑은 중립, 빨강은 반대를 의미해요."

😊 "여러분은 학생 1이 스파이라는 것에 대해서 어떤 입장인가요? 신호등을 들어 주세요."

😊 "여러분이 적은 내용을 바탕으로 전체 토의를 해 보겠어요. 찬성 측 의견을 먼저 들어 볼게요."

😀 "저는 학생 1이 스파이가 맞다고 생각합니다. 왜냐하면 학생 1은 구름이 많이 보인다고 했기 때문입니다. 예를 들어 기차를 탔다고 생각해 보면 보통 떠오르는 것은 기차에 탄 사람들, 의자, 도로 등입니다. 구름은 쉽게 떠오를 수 없습니다."

😊 "이 의견에 보충할 친구 있나요?"

😀 "저도 학생 1이 스파이가 맞다고 생각합니다. 왜냐하면 학생 1이 가끔 긴장이 되기도 한다고 했는데 그 대답이 기차와 어울리지 않기 때문입니다. 기차를 타면 이동 중에 기차가 흔들릴 수 있지만 무서워서 긴장이 될 정도로 진동을 느끼지는 않습니다."

😀 "저는 학생 1이 스파이가 아니라고 생각합니다. 왜냐하면 학생 1이 구름이 많이 보인다고 했기 때문입니다. 기차를 타고 갈 때 창가 쪽에서 밖을 내다보면 바깥 풍경으로 구름을 많이 볼 수 있습니다."

😊 "이 의견에 보충할 친구 있나요?"

😀 "저도 학생 1이 스파이가 아니라고 생각합니다. 기차가 달리는 중에 터널을 들어가거나 역에 잠깐 멈출 때 자리에 앉지 못해 서서 가는 경우에는 몸이 한쪽으로 기울어질 수 있기 때문에 긴장을 할 수도 있습니다."

😊 "여러분의 최종 입장이 어떤지 신호등을 들어 봅시다."

😊 "찬성 17명, 반대 6명, 중립 2명이네요."

😊 "여러분의 최종 입장을 근거를 들어서 학습지에 적어 보세요."

😊 "자신의 생각이 바뀐 학생은 그 이유를 이야기해 주세요."

😀 "저는 원래 반대 입장이었습니다. 하지만 친구들의 의견을 들어 보니 기차를 탔다면 보통 구름보다는 사람들, 의자, 도로 등이 쉽게 떠오를 거라는 생각이 들었습니다. 그래서 저는 찬성으로 의견이 바뀌었습니다."

😀 "저는 원래 찬성 입장이었습니다. 그런데 친구들의 의견을 들어 보니 찬성과 반대 두 입장 모두 근거가 적절해서 중립을 선택하게 되었습니다."

스파이를 찾기 위해 토론해 봅시다

이름: _____

⊙ 토론 주제를 적어 봅시다.

_____

_____

⊙ 4단 논법에 따라 자신의 의견을 작성해 봅시다.

주장	
근거		
설명		
정리	

⊙ 처음 의견과 최종 의견에 해당하는 칸에 색칠해 봅시다.

내 의견		
찬성	반대	중립

최종 의견		
찬성	반대	중립

⊙ 처음 의견과 최종 의견이 달라졌다면 그 이유를 적어 봅시다.

_____

_____

_____

● 스파이폴 토론 학습지

✪ 활동 Tip

❶ 교사가 대화 내용을 윈도우 메모장에 간단히 정리하여 화면에 띄워 주면 학생들이 보다 쉽게 스파이를 추론할 수 있다.

❷ 찬성과 반대가 뚜렷하게 나뉘고 각각의 여론이 비슷한 경우에 토론을 진행하도록 한다. 찬성과 반대 입장을 유보하는 학생도 있기 때문에 판단을 유보한 학생들을 설득하는 활동으로 신호등 토론을 진행하면 효과적이다.

💡 생생 수업 속으로

대화 내용을 잘 기억하는 학생들도 있지만 일부 학생은 특정 부분에 집중한 나머지 다른 대화 내용을 미처 파악하지 못하기도 한다. 그리고 앞에 나와서 게임을 하다 보니 학생에 따라 발언 내용이 제대로 전달되지 않을 수 있다. 그래서 대화 내용을 윈도우 메모장에 적어서 TV 화면에 실시간으로 띄워 주었다. 학생들이 그때그때 TV에 있는 대화 내용을 참고하여 스파이를 추론하는 것을 볼 수 있었다.

이번 활동은 전체 학생을 대상으로 스파이가 누구인지 토론하는 활동이다. 여러 학생들이 각자 단서를 통해서 스파이를 추론해 보았지만 다양한 생각을 공유하는 시간도 필요하다. 자신의 입장을 4단 논법에 따라 차근차근 정리해 보고 찬성, 반대 측의 의견을 충분히 들어 보도록 한다. 이때 교사는 한쪽 입장의 사람에게만 편향되게 발언권을 주어서는 안 되고 공평하게 발언 기회를 제공해야 한다. 필요하다면 상대 측에 추가적인 질문을 하거나 답을 할 수도 있게 하여 자신의 입장으로 상대측과 중립 측을 설득할 수 있게 하였다. 학생들이 자기가 추론한 것과 다른 학생이 추론한 것을 비교하면서 자기의 입장을 확고히 하거나 '아, 그렇구나.' 하면서 상대방 입장에 공감하여 설득되는 것을 볼 수 있었다.

최종적으로 자신의 입장을 표시하는 단계에서 나온 결과가 최초 입장과는 차이가 있었다. 처음에는 찬성 측과 반대 측에 비슷한 수의 학생이 거수를 했지만 최종 단계에서는 찬성 측 의견으로 반대 측과 중립 측이 많이 넘어가는 것을 확인할 수 있었다.

신호등 토론을 통해 나의 의견을 다른 사람과 공유하고 때로는 다른 사람을 설득하고 다른 사람의 의견에 공감하여 입장을 바꿔 볼 수도 있었던 시간이었다. 이 과정에서 학생들이 서로를 더욱 존중하고 배려하는 태도를 기를 수 있었다.

활동 3 │ 수업을 통해 알게 된 점 공유하기

🎵 활동 방법

❶ 스파이를 확인하고 어떤 장소라고 생각했는지 의견을 들어 본다.

❷ 스파이의 의견을 들은 후, 나머지 학생들의 생각을 발표하게 한다.

❸ 오늘 수업을 통해 알게 된 점을 정리한다.

    😀 "스파이를 찾을 때 중요한 것은 무엇일까요?"

    😃 "친구들의 대화 내용을 집중해서 잘 들어야 한다고 생각했습니다. 필요하면 중요한 내용은 간단히 메모하는 것도 좋겠다고 생각했습니다."

    😃 "친구들의 대화에서 단서를 잘 파악해야 된다고 생각했습니다. 단서를 바탕으로 장소를 맞히거나 스파이를 잘 추론해야겠다고 생각했습니다."

    😃 "친구들에 대해서 관심을 가져야겠다고 생각했습니다. 친구들의 경험이나 친구들이 평소에 잘 알고 있는 것을 파악하면 친구들의 생각을 읽는 데도 유리하기 때문입니다."

❹ 다음 차시를 예고하고 수업을 마무리한다.

⭐ 활동 Tip

❶ 다른 사람의 의견은 개인적인 경험과 각자가 가진 지식에 기반한 것이므로 타인의 생각을 존중할 수 있도록 한다.

❷ 학생들이 이번 수업을 통해 알게 된 점을 자연스럽게 이야기할 수 있도록 허용적인 분위기를 조성한다.

💡 생생 수업 속으로

    정리 부분에서 수업을 통해 알게 된 점을 공유하여 보드게임을 즐기는 데에서 그치지 않고 게임과 학습 내용을 연결하여 생각해 보게 하였다. 학생들은 이번 수업을 통해 추론을 할 때에는 단서를 찾고 이를 기억하는 것이 무엇보다도 중요하다는 것을 깨달았다. 또한 스파이폴 게임을 할 때에는 대화 내용이 문제 해결의 핵심이 되기 때문에 다른 사람의 대화 내용에 좀 더 귀 기울여야겠다는 생각을 하며 자신의 듣기 태도를 반성하기도 하였다. 토론을 하며 다른 사람의 의견을 듣고 나도 친구와 같이 적절한 근거를 들어 주장을 펼쳐야겠다고 느낀 학생도 있었다.

Ⅳ. 스파이폴로 수업 응용하기

❶ 국어

스파이폴로 또 다른 국어 수업을 할 수 있다. 한 학기 한 권 읽기 책의 이름과 등장인물을 카드로 만들어 게임하면 책의 전체적인 특징을 정리할 수 있다. 게임 규칙 중 다음 내용만 변형하고, 나머지는 정규 규칙으로 진행한다.

    ❶ 책의 이름과 등장인물로 구성된 카드를 마련한다.

    ❷ 카드에 적힌 책의 이름과 등장인물을 제시어로 하고 나머지는 스파이폴 기본 규칙대로 진행한다.

❷ 사회

세계 여러 나라 이름을 이용하여 카드를 만들어 게임하면 나라의 특징을 정리할 수 있다. 게임 규칙 중 다음 내용만 변형하고, 나머지는 정규 규칙으로 진행한다.

    ❶ 나라 이름으로 구성된 카드를 마련한다.

    ❷ 카드에 적힌 나라 이름을 제시어로 하고 나머지는 스파이폴 기본 규칙대로 진행한다.

● 국어 과목 카드 구성 예시   ● 사회 과목 카드 구성 예시

스파이폴은 국어 교과뿐만이 아니라 다양한 교과에서 활용할 수 있는 것이 장점입니다. 제품을 모둠별로 구입할 필요가 없이 하나만 구입하면 학급 전체가 사용할 수 있는 것도 매력적이지요.

말씀하신 대로 스파이폴은 어느 한 과목에만 국한되지 않고 역할 놀이 등과 같은 형태로 여러 교과에 적용할 수 있는 활용도 높은 보드게임입니다. 다만 게임을 하려면 먼저 질문을 만드는 법부터 익혀야 합니다. 자기 나름의 질문을 만드는 시간까지 포함해서 최소한 2시간 정도가 필요한 게임이라고 생각해요.

학생들이 마피아류의 보드게임을 좋아하기 때문에 스파이폴 보드게임을 하면 재미있어해요. 질문 만들기와 연계하면 수업 활용성이 높다고 생각합니다.

이 보드게임은 추리가 중심이 되는 보드게임이라서 그런지 중학년은 힘들어했습니다. 게임 난이도를 고려했을 때 고학년 이상에게 적합한 게임이라고 생각해요.

스파이폴은 추론, 예상, 추측과 같은 고차원 사고를 하는 게임입니다. 종합적 사고를 요하기에 중학년은 예시 질문 정도에서 진행이 가능하겠고, 고학년은 좀 더 다양하게 적용할 수 있다고 생각합니다. 또한 경험의 차이에서 질문이 차이가 생길 수 있습니다. 예를 들어 전 근무지에서는 비행기를 타 본 학생들이 많이 없었거든요. 교사가 이러한 환경을 고려해서 수업에 적용하면 좋을 것 같습니다.

이 게임을 토론 수업에 활용해 보시기를 추천합니다. 게임을 하면서 4단 논법을 통해 말하는 방법을 익힌다면 학생들의 토론 능력이 향상될 거예요. 근무 지역에 상관없이 여러 선생님들께서 적용해 보시면 좋을 것 같습니다.

할리갈리 영어 수업

I. 할리갈리와 친해지기

1 게임 소개

할리갈리는 1990년 독일에서 처음 만들어진 게임으로 2001년 한국 시장에 소개된 이래로 가장 많은 인기를 누린 게임 중 하나이다. 할리갈리 게임에 대한 소개는 '같은 과일 5개가 보이면 종을 치는 게임', '속도 경쟁을 위한 집중력', '재미의 극대화를 위한 종'으로 요약할 수 있다. 게임 인원은 2~6명으로 10~20분이 소요되며, 카드 56장, 종 1개, 규칙서로 구성되어 있다. 할리갈리는 규칙이 단순하기 때문에 모든 연령층에서 부담 없이 즐길 수 있고 특유의 속도감과 긴장감으로 몰입도가 높은 게임이다. 짧은 시간 동안 간단하게 할 수 있고, 게임을 반복할수록 패턴 인식 능력과 순발력이 길러진다는 장점도 있다.

2 게임 방법

▶ 게임 준비

❶ 가운데에 종을 놓고 한 사람이 카드를 잘 섞은 뒤, 카드가 떨어질 때까지 모두에게 같은 수의 카드를 나눠 준다. 누군가 한 장을 더 받을 수도 있지만 게임에 큰 영향을 주지는 않는다.

❷ 플레이어들은 받은 카드를 그림이 보이지 않게 뒤집어 잘 섞은 다음 카드 더미를 만들어 자기 앞에 놓는다.

▶ 게임 진행

❶ 차례는 가장 어린 사람부터 시계 방향으로 돌아가는데, 자기 차례가 되면 자기가 가진 카드 더미의 맨 위에 있는 카드를 자기 카드 더미와 종 사이에 앞면이 보이게 펼쳐 놓는다.

❷ 자기 차례가 다시 돌아오면 이미 펼쳐 놓은 카드 위에 카드를 놓아 언제나 맨 위에 있는 카드만 보이게 한다.

❸ 바닥에 펼쳐진 카드에서 같은 과일이 정확하게 5개가 보이면 종을 친다.

④ 규칙에 맞게 가장 먼저 종을 친 사람이 바닥에 펼쳐져 있는 카드를 모두 가져간다.

⑤ 가져간 카드는 자기 카드 더미 맨 밑에 넣고, 카드를 가져간 사람부터 다시 카드를 펼쳐 게임을 이어 간다.

⑥ 펼쳐진 카드에 같은 과일 5개가 보이지 않는데 종을 친 사람은 다른 모든 사람들에게 자기 카드 더미 에 있는 카드를 1장씩 나누어 준다.

⑦ 자기 카드 더미의 카드가 다 떨어지면 게임에서 빠진다.

⑨ 게임 종료

① 카드가 떨어진 사람들이 모두 게임에서 빠지고 둘만 남은 상태에서 누군가 규칙에 맞게 종을 치거나 반대로 종을 잘못 치면 바닥의 카드를 모두 가져가고 게임이 끝난다.

② 최종적으로 가장 카드를 많이 가진 플레이어가 승리한다.

✪ 게임 TIP

카드는 펼치는 사람을 기준으로 먼 쪽을 잡고 펼쳐서, 다른 사람들이 펼치는 사람보다 먼저 앞면을 볼 수 있게 한다. 카드를 재빨리 펼쳐야 펼치는 사람도 빨리 앞면을 볼 수 있다.

II. 할리갈리로 수업 꾸리기

1 수업 개관

본 수업은 초등 고학년 영어 교과의 물건을 사고파는 표현을 배우는 단원과 관련한 활동들로 구성하였다. 기본 수업은 대화를 듣고 내용을 파악한 뒤 중심 표현을 따라 말해 보고, 게임에 필요한 낱말과 문장 표현을 할리갈리 카드를 활용해서 말하는 연습으로 이루어진다. 그리고 이를 바탕으로 할리갈리를 변형한 게임을 하며 물건을 사고파는 데 필요한 기본적인 표현들을 재미있게 익힐 수 있게 하였다. 심화 수업은 '할리갈리 벼룩시장'이라는 주제로, 기본 수업에서 연습한 표현을 자연스럽게 사용하면서 내면화할 수 있는 활동으로 구성하였다. 기본 및 심화 수업에 각각 사용되는 게임의 핵심 규칙은 크게 다르지 않으나 기본 수업은 듣기·말하기에, 심화 수업은 읽기·쓰기에 초점이 맞추어져 있다. 특히 심화 수업은 학생들이 직접 제작한 게임 도구를 활용한다는 점이 특징인데, 이를 통해 학습이 이루어질 뿐 아니라 학생의 성취감과 애착에 따른 학습 효과 증진도 일어난다.

2 수업 핵심 내용

- 일상생활 속 주제에 대해 쉽고 간단한 대화를 나눌 수 있다.
- 주변의 사물이나 숫자 등에 관한 쉽고 간단한 낱말이나 어구를 읽거나 쓸 수 있다.

3 수업 한눈에 보기

주제		물건의 가격을 묻고 답하는 표현 익히기
기본	1~2차시 할리갈리로 중심 표현 익히기	1 중심 표현 이해하고 말하기 2 할리갈리 쉬운 게임 하기 3 할리갈리 변형 게임 하기
심화	3~6차시 할리갈리 벼룩시장	1 할리갈리 벼룩시장 준비하기 2 할리갈리 보드게임 제작하기 3 할리갈리 벼룩시장 운영하기

III. 할리갈리로 수업하기

1 기본 수업 - 할리갈리로 중심 표현 익히기

✏️ 활동 개관

　　1~2차시에 걸친 기본 수업의 소주제는 '할리갈리로 중심 표현 익히기'이다. 이 수업은 물건을 사고팔 때 쓰는 기본적인 표현들을 익히는 데 그 초점이 있다. 활동 1에서는 먼저 중심 표현이 포함된 대화를 시청각 자료 혹은 원어민 교사와의 실제 대화를 통해 제시한다. 전체적인 내용과 주요 낱말 및 문장을 질문과 대답을 통해 함께 파악하고, 파악한 표현들을 간단하게 따라 말해 본다. 이어 할리갈리 게임 카드를 활용해 중심 표현을 말하는 연습을 하며 여기에 익숙해지게 한다. 활동 2에서는 앞서 연습한 표현을 활용하여 정규 게임 규칙에 따라 간단한 연습 게임을 한다. 활동 3에서는 변형 게임을 즐기며 앞서 배운 중심 표현들을 완성형 문장으로 표현하고 이를 반복하면서 완전히 익히도록 한다.

활동 1 | 중심 표현 이해하고 말하기

🎵 활동 방법

❶ 대화를 듣고 중심 낱말과 문장을 파악한다.

　　😊 "대화를 잘 듣고 내용을 이해해 보세요."

- script -

David와 David의 아빠는 과일 가게에 왔다.

David: Dad, look at this lime!

David's dad: Oh, It looks delicious.
　　　　　　　　How much is it?

Clerk: It is two dollars.

David: It is expensive.
　　　　How much are these bananas?

Clerk: They are five dollars. They are on sale.

David: Oh, I like them.

David's dad: Okay, I'll take them.

(돈을 지불하고)

Clerk: Here you are. Thank you.

David: Thank you. Bye.

❷ 중심 표현을 듣고 따라 말한다.

🗣 "중심 표현을 듣고 따라 말해 보세요."

- How much are these bananas?
- How much are they?

- They are five dollars.
- Okay, I'll take them. / They are expensive.

❸ 할리갈리 게임 카드가 제시된 화면을 보며 중심 표현을 연습한다.

🗣 "단어를 듣고 따라 말해 보세요."

Bananas / Plums / Strawberries / Limes.
One / Two / Three / ⋯ / Ten.

🗣 "문장을 듣고 따라 말해 보세요. 모든 과일은 1개당 1달러입니다."

(카드 1장을 놓으며) How much is this banana? / It is one dollar.
(선택하여 말하기) Okay, I'll take it. / It is expensive.
(카드 1장 더 놓으며) How much are these bananas? / They are two dollars.
Okay, I'll take them. / They are expensive.
(같은 방법으로 10까지 듣고 따라 말하기)

🗣 "이번에는 역할을 나누어 대화를 나눠 볼게요. 짝과 역할을 나누고 선생님이 화면에 카드를 추가할 때마다 해당 과일에 대해 짝과 이야기를 나눠 보세요."

🙂 (선생님이 아래 그림의 10번까지 내려놓았을 때)

A: How much are these plums?

B: They are ten dollars.

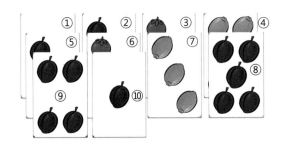

✪ 활동 Tip

❶ 대화를 들을 때 "How much is it?"과 "How much are they?"의 차이를 생각하며 듣도록 안내한다.

❷ 'these bananas'와 같은 복수형 명사는 'they'로 바꾸어 묻거나 대답할 수 있도록 한다.

❸ 과일 이름을 말할 때는 네 종류의 과일을 번갈아 제시하여 충분히 반복해서 연습하게 한다.

❹ 숫자를 말할 때는 할리갈리 게임 규칙을 적용하여 같은 종류의 과일 수를 합산하여 말하게 한다. 예를 들면 위 그림에서 ⑧ 자두 5개 + ⑨ 자두 4개 + ⑩ 자두 1개 = 자두 10개이므로 "They are ten dollars."와 같이 숫자 10을 연습할 수 있다.

❺ 과일 이름과 숫자 말하기 연습이 각각 충분히 이루어지면 "one banana", "two plums", … "ten plums"와 같이 혼합하여 말하는 연습을 하도록 지도한다.

✪ 생생 수업 속으로

'How much are these bananas?'와 같이 'these 과일 이름'을 넣어 다양한 종류를 연습하도록 한다. 이후 'they'로 바꾸어 말하기를 연습하여 다양하게 표현할 수 있도록 한다. 이때 지시 대명사 'it'과 'they'의 차이점을 함께 지도하면 효과적이다.

물건이나 숫자 그림보다 할리갈리 카드를 화면에 띄워 수업을 진행하면 학생들이 보다 흥미롭게 활동에 참여할 수 있다. 카드를 제시할 때 프레젠테이션 제작이 여의치 않은 경우, 실물 화상기를 이용할 수 있다.

활동 2 | 할리갈리 쉬운 게임 하기

✪ 활동 방법

❶ 교사는 할리갈리 쉬운 게임의 규칙을 학생들에게 설명한다.

❷ 교사가 실물 화상기를 연결한 화면에 할리갈리 카드를 4인 플레이 방식으로 1장씩 놓는다.

❸ 학생들은 화면을 보다가 같은 과일이 5개 나오면 손을 들면서 자신의 이름을 외친다.

❹ 가장 빨리 외친 학생은 '숫자+과일'을 영어로 바르게 말하고, 바닥의 카드를 모두 획득한다.

　🗣 "민준이가 가장 빨랐네요? 정답은?"

　🗣 "Five strawberries."

❺ 숫자나 과일 이름이 틀리거나 틀린 타이밍에 구호를 외치면 카드를 1장 반납한다.

❻ 선생님이 들고 있는 카드가 모두 떨어지면 게임이 끝나고 카드를 가장 많이 획득한 학생이 승리한다.

☆ 활동 Tip

❶ 실물 화상기가 없을 때는 스마트폰 카메라 화면과 TV를 미러링하여 게임을 실시할 수 있다.

❷ 학생 수가 적은 학급에서는 개인 단위로, 학생 수가 많은 학급에서는 모둠 단위로 게임을 진행한다. 모둠 단위로 게임을 할 때에는 학생들이 정답을 돌아가면서 외칠 수 있도록 미리 순서를 정한다.

☺ 생생 수업 속으로

할리갈리는 게임 방법을 모르는 학생이 없을 정도로 인기가 높은 게임이지만 잘 모르는 학생도 있을 수 있기 때문에 정규 게임 방식을 익힐 수 있게 해야 한다. 이에 기본 규칙에 활동 1에서 배운 간단한 표현을 말하는 규칙을 추가하여 쉬운 게임을 구성했다. 이는 앞서 배운 표현을 확인하고 정규 게임 규칙을 함께 익힐 수 있는 활동이다. 이 규칙으로 모둠별로 게임을 하게 할 수도 있지만 다양한 형태로 플레이하여 흥미를 유발하기 위해 학습 전체 학생을 대상으로 직접 게임을 진행했다. 종이 없이 손을 들어 구호를 외치는 형태이므로 지목이 애매할 때는 교사가 형평성을 고려하여 기회를 적절히 주는 것이 좋다.

활동 3 | 할리갈리 변형 게임 하기

♫ 활동 방법

❶ 각자 카드 더미를 뒤집어 앞에 두고 시계 방향으로 맨 위의 카드를 1장씩 펼친다.

❷ 같은 과일 5개가 보이면 종을 치고, 종을 친 사람의 오른쪽에 있는 플레이어가 "How much are the (과일 이름)?"라고 묻는다.

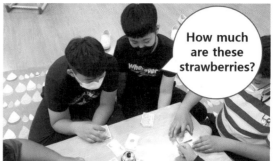

❸ "They are five dollars."라고 정답을 말하면, 오른쪽 플레이어가 "Okay!"를 외치고 정답자는 카드를 모두 가져간다. 그러나 숫자가 틀리면 "They are expensive."를 외치고 오답자는 다른 플레이어들에게 카드를 1장씩 준다. 틀린 학생부터 게임을 다시 시작한다.

❹ 두 번째 플레이부터는 바르게 대답한 플레이어가 1~10 사이의 숫자 중 새로운 숫자를 외친다. 예를 들면 "Six!"를 외칠 수 있다.

❺ 과일이 6개 나오면 종을 치고 같은 방식으로 게임을 계속 진행한다.

❻ 게임이 종료되면 가장 많은 카드를 획득한 사람이 승자가 된다.

✪ 활동 Tip

❶ 종을 친 사람의 오른쪽 플레이어가 묻는 내용이 틀리면 종을 친 플레이어에게 카드를 1장 준다.

❷ 대답하는 문장 형식이나 과일, 숫자가 틀리면 나머지 플레이어들에게 카드를 1장씩 준다. 이후 새 카드를 다시 내어 같은 숫자를 기준으로 게임을 이어 간다.

❸ 종을 잘못 치면 나머지 플레이어들에게 카드를 1장씩 준다.

❹ 묻는 문장에 과일 이름을 넣어도 되지만 이름 대신 'they'를 넣어도 된다.
　예 How much are the strawberries?=How much are they?

❺ 카드를 모두 잃은 플레이어는 종을 치거나 카드를 획득할 수는 없으나 대화에는 참여한다.

❻ 최종 2인이 남으면 마지막 한 판으로 승부를 내고 게임을 종료한다. 둘 중 카드를 더 많이 획득한 사람이 최종 승자가 된다.

✪ 생생 수업 속으로

정규 게임 규칙은 같은 과일이 5개 보이면 종을 치는 것인데 좀 더 다양한 숫자를 말할 기회를 주고자 숫자를 바꿔 말하는 것으로 규칙을 변경했다. 이 부분에서 아이들의 긴장감이 더욱 높아졌고 게임에 좀 더 몰입할 수 있었다. 이 수업에서 주의해야 할 점은 숫자는 1부터 10까지만 사용하게 하는 것이다. 10이 넘어가면 고학년에게 숫자를 지도한다는 면에서는 의미가 있을지 모르나, 해당 숫자가 나올 때까지 카드만 계속 내는 상황이 생겨 게임이 늘어질 수 있기 때문이다. 단, 처음 시작할 때는 기본 규칙인 5로 시작한다.

또한 고학년은 복수로 묻고 답하는 것을 배우므로 게임 중 숫자 1을 외칠 때는 단수로 질문과 대답을 하고 나머지 수는 복수로 질문과 대답을 하도록 미리 강조하는 것이 좋다.

❷ 심화 수업 - 할리갈리 벼룩시장

✎ 활동 개관

3~6차시에 걸친 심화 수업의 소주제는 '할리갈리 벼룩시장'이다. 이 수업은 앞서 배운 표현들을 보드게임을 통해 반복해서 사용하면서 자연스럽게 해당 표현을 익히고 말하기·듣기 학습에서 나아가 읽기·쓰기 학습으로 심화하는 데 그 초점이 있다. 활동 1에서는 '할리갈리 벼룩시장' 활동에 대해 알아보고, 모둠별로 운영할 가게를 선정해 그 가게에 맞는 간판을 제작한다. 그런 다음 다시 한번 주요 표현을 익힌다. 활동 2에서는 벼룩시장에서 사용할 게임 카드를 직접 만들고 게임 규칙을 확인하여 연습 게임을 한다. 활동 3에서는 벼룩시장을 운영하여 매출왕을 선정하고 수업을 마무리한다.

활동 1 | 할리갈리 벼룩시장 준비하기

♫ 활동 방법

❶ 할리갈리 벼룩시장 활동을 소개한다.

🗣 "이번 시간에는 '할리갈리 벼룩시장: 도전, 매출왕!' 활동을 해 볼게요. 먼저 어떤 활동인지 함께 알아볼까요?"

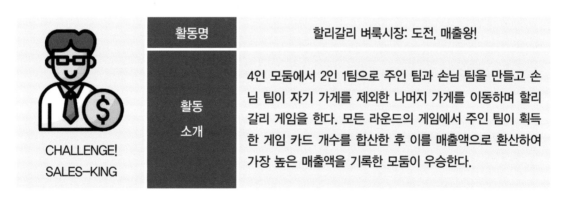

활동명	할리갈리 벼룩시장: 도전, 매출왕!
활동 소개	4인 모둠에서 2인 1팀으로 주인 팀과 손님 팀을 만들고 손님 팀이 자기 가게를 제외한 나머지 가게를 이동하며 할리갈리 게임을 한다. 모든 라운드의 게임에서 주인 팀이 획득한 게임 카드 개수를 합산한 후 이를 매출액으로 환산하여 가장 높은 매출액을 기록한 모둠이 우승한다.

❷ 모둠에서 운영할 가게의 간판을 제작하고 설치한다.

🗣 "할리갈리 벼룩시장에서 운영할 가게는 과일 가게, 옷 가게, 문방구, 과자점, 스포츠 용품점, 잡화점, 이렇게 총 6개예요. 모둠별로 운영할 가게를 협의해서 정하고 가게 이름을 영어로 정해 봅시다. 그리고 가게 이름을 A4 용지에 간단하게 꾸며서 간판을 완성해 주세요. 완성한 간판은 모둠 책상 위에 세워 준비하세요."

❸ 주요 표현을 읽고 쓰며 익힌다.

🎵 "주요 표현들을 읽고 써 볼까요? 아래 그림에 어울리는 낱말을 보기에서 골라 써 보고 문장을 읽어 보세요."(가게별 물건에 관한 낱말들을 사전 과제로 제시한다.)

보기	shoes dress hat T-shrits

$8   How much are these
_____ ?
They are eight dollars.

$10   How much is this
_____ ?
___ ___ ten dollars.

$3   _____ is this
_____ ?
____ ___ ___
dollars.

$5   _____ are these
_____ ?
____ ___ ___
dollars.

활동 2 | 할리갈리 보드게임 제작하기

🎵 활동 방법

❶ 할리갈리 벼룩시장에서 사용할 보드게임을 제작한다.

🎵 "오늘은 할리갈리 벼룩시장에서 사용할 보드게임을 우리가 직접 만들어 볼 거예요. 먼저 각 가게에서 파는 물건 이름과 가격을 써 넣어 게임 카드를 만들어 볼게요. 가게마다 4종류의 물건과 가격이 미리 준비되어 있고요, 이 표를 참고해서 네 종류의 게임 카드를 만들면 돼요. 그럼, 카드를 만들 때 알아야 할 점을 살펴보고 함께 카드를 만들어 볼까요?"

①	②	③	④
shoes	**dress**	**hat**	**T-shirts**
$8(eight)	$10(ten)	$3(three)	$5(five)

● 옷 가게 게임 카드 예시

게임 카드 만들 때 기억할 점

– 각 모둠은 자기 가게의 게임 카드 4종류를 각 20장씩, 총 80장을 만든다. 이때 모두가 다양한 낱말을 쓸 수 있도록 한 사람이 4종류를 각각 5장씩 만들게 한다.

   ㉑ 옷 가게 모둠 1인당 shoes, dress, T-shirts, hat 각 5개씩 만들기

– 가게별 물건 가격표와 게임 카드의 예를 참고하여 게임 카드를 만든다.

– 게임 카드에 물건은 영어를, 가격은 숫자와 영어를 모두 적는다.

"게임 카드를 모두 완성했나요? 이건 활동에 사용할 대화를 정리한 표인데요, 선생님이 미리 준비했어요. 이 표에는 가게마다 어울리는 대화가 4쌍씩 준비되어 있는데요, 대화 사이사이에 빈칸이 보이죠? 여러분이 활동을 하면서 얻은 게임 카드에 적힌 물건 이름이나 가격 등을 써 넣으면 돼요. 그리고 각 대화는 관련 있는 물건과 같은 번호로 짝지어져 있어요. 예를 들면 ①번 카드는 ①번 대화와 짝이에요. 번호를 맞춰 내용을 쓰면 돼요."

가게 종류	사용 대화
옷 가게 (dress shop)	① How much are the (　　　　　)? 　– (　　　　) (　　　) dollars. ② (　　　　　) is the dress? 　– It's (　　　　　) dollars. ③ How much is the (　　　　　)? 　– (　　　　) (　　　) dollars. ④ (　　　　　) are the T-shirts? 　– They are (　　　) dollars.

● 손님 팀 전용 대화표 예시

대화표 제작 시 유의점

① 물건은 단수, 복수가 구분되므로 짝지을 대화를 구성할 때 유의한다.

   ㉑ shoes – It's eight dollars. (X) / shoes – They are eight dollars. (○)

② 주인 팀 전용 대화표에는 자기 가게의 대화만 6세트를 넣어 준비하고, 손님 팀 전용 대화표에는 모든 가게의 대화를 넣는다.

③ 주인 팀 전용 대화표에는 획득한 카드 수를 기록할 수 있는 칸을 추가한다.

❷ 게임 규칙을 확인하고 연습 게임을 한다.

👦 "보드게임을 완성했으면 벼룩시장 게임 규칙을 알아보고 연습 게임을 해 볼게요."

👦 "게임 규칙 중 대화 활동과 관련한 규칙을 좀 더 자세히 알아볼게요. 1라운드 게임이 끝나면 자신이 모은 카드로 대화를 하는데 상대방이 "How much are these 물건?"이라고 질문하면, 해당 카드에 적힌 가격을 보고 "They are (숫자) dollars."라고 말해 주세요. 그리고 쓰기 활동지의 빈칸에 방금 나눈 대화에서 사용한 낱말을 써서 대화를 완성하면 돼요. 말한 내용과 쓴 내용이 모두 맞아야 카드를 모두 획득할 수 있답니다. 역할을 바꾸어 같은 방법으로 대화를 진행하고 다음 라운드 게임을 이어 가면 돼요."

🔵 각자 카드를 뒤집어 더미를 만든 다음 자기 앞에 둔다.

🔵 순서대로 자기 카드 더미에서 맨 위에 있는 카드를 1장 펼친다.

🔵 같은 낱말이 2개 보일 때 먼저 종을 치고 낱말을 읽으면 카드를 모두 가져간다.

🔵 3분 동안 게임을 진행하여 모은 카드로 대화를 하며 알맞은 표현을 쓴다.

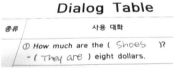

🔵 대답과 쓴 표현이 정확하면 해당 물건 카드를 모두 획득한다.

🔵 총 5라운드를 진행하여 가장 많은 카드를 획득한 사람이 이긴다.

⭐ 활동 Tip

❶ 게임은 모둠별로 1라운드에 5분씩(게임 3분, 대화 및 쓰기 2분) 진행한다.

❷ 물건의 단수·복수 여부에 따라 대화 시 be동사나 대명사의 형태가 달라지므로, 각 물건 카드에 알맞은 대화표에 적힌 대화를 사전에 같은 번호로 짝을 지어 놓는다.

❸ 말한 내용과 쓴 내용 중 하나라도 틀리면 모은 카드 수의 절반만 획득한다.

❹ 낱말 카드를 무작위로 뽑았을 때 앞 라운드와 같은 카드가 나오면 말한 내용만 평가한다.

🔆 생생 수업 속으로

> 아이들은 카드에 적힌 낱말이 같을 때 종을 치게 되는데 이때, 큰 소리로 물건 이름을 읽어야 바닥의 카드를 모두 가져갈 수 있다. 따라서 게임을 하면서 자연스럽게 낱말 읽기 연습을 할 수 있다. 대화 시간이 늘어지면 흥미가 떨어지므로 게임을 진행하여 얻은 카드는 대화에 전부 활용하지 않고, 무작위로 1개만 뽑아서 활용한다. 또한 두 쌍으로 나누어 1:1로 대화 및 쓰기 활동을 하면 게임을 빠르게 진행할 수 있다. 목적에 따라 카드를 다르게 제작할 수도 있는데 낱말을 반복해서 쓰는 것이 목적이라면 물건과 숫자를 영어로 쓴 카드를 만들면 되고, 게임 난이도를 높이고 싶으면 카드에 우리말과 숫자를 쓰면 된다.

활동 3 │ 할리갈리 벼룩시장 운영하기

🎵 활동 방법

❶ 할리갈리 벼룩시장을 운영하기 위한 활동 대형을 만든다.

> 🗨 "이제 할리갈리 벼룩시장을 열어 볼까요? 활동을 할 수 있도록 모둠별 대형을 다음과 같이 만들어 주세요."

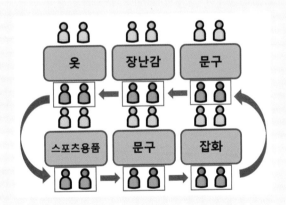

① 4명씩 1모둠으로 가게를 만든다.
② 한 모둠에서 주인 팀 2명, 손님 팀 2명으로 역할을 나눈다.
③ 게임이 시작되면 손님 팀이 반시계 방향으로 팀 단위로 이동하며 2:2 게임을 한다.
④ 첫 번째 팀이 가게를 3번 옮겨 게임을 하고 복귀하면 두 번째 팀도 이어서 3번 실시하고 활동을 마무리한다.

❷ 다음 방법에 따라 할리갈리 벼룩시장을 운영한다.

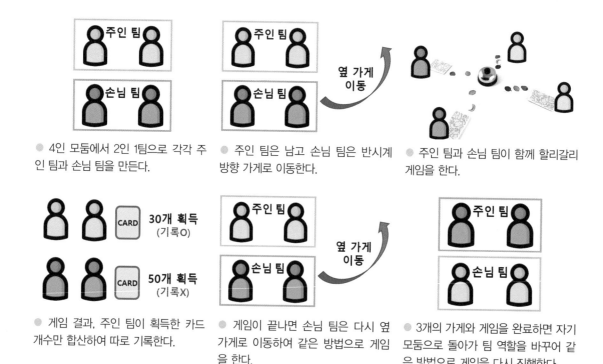

● 4인 모둠에서 2인 1팀으로 각각 주인 팀과 손님 팀을 만든다.

● 주인 팀은 남고 손님 팀은 반시계 방향 가게로 이동한다.

● 주인 팀과 손님 팀이 함께 할리갈리 게임을 한다.

● 게임 결과, 주인 팀이 획득한 카드 개수만 합산하여 따로 기록한다.

● 게임이 끝나면 손님 팀은 다시 옆 가게로 이동하여 같은 방법으로 게임을 한다.

● 3개의 가게와 게임을 완료하면 자기 모둠으로 돌아가 팀 역할을 바꾸어 같은 방법으로 게임을 다시 진행한다.

❸ 게임이 모두 끝나면 매출왕을 선정한다.

😊 "활동을 잘 마쳤나요? 그럼 오늘 벼룩시장 활동 결과, 최고 매출 모둠을 선정해 볼게요."

😊 "여러분이 모둠에서 주인 팀으로 활동할 때 획득한 카드 개수를 모두 더하세요. 그리고 그 카드 개수에 $10를 곱해서 매출액을 계산해 주세요. 계산이 끝나면 칠판에 매출액을 적어 주세요."

😊 "자, 오늘의 우승 모둠을 발표할게요. 오늘의 최고 매출왕은 총 270달러를 달성한 옷 가게 모둠이 차지했습니다!"

☆ 활동 Tip

❶ 가게 내에서 이루어지는 게임은 활동 2의 연습 게임과 규칙이 같고, 가게마다 1라운드씩만 진행하고 다음 가게로 이동한다.

❷ 모둠 내 역할을 바꾼 새로운 손님 팀은 첫 번째 손님 팀의 마지막 가게에서 게임을 다시 시작한다.

❸ 게임 결과는 라운드마다 주인 팀에서 최종 소유한 카드 수만 합산하여 기록한다.

❹ 최종 매출액은 라운드마다 최종 소유한 카드 수의 합×$10로 계산한다.

🔆 생생 수업 속으로

　　할리갈리 벼룩시장의 부제가 '도전, 매출왕!'인 만큼 가게마다 게임을 통해 획득한 카드 수는 주인 팀의 것만 합산하여 기록한다. 즉 손님 팀의 역할은 게임을 잘해서 상대 팀 가게가 매출을 올리지 못하도록 방해하는 것이다. 손님 팀이 방어를 잘하면 상대 팀의 매출이 적어질 것이고, 이는 최종 결과에 유리하게 작용한다.

　　첫 번째 손님 팀이 가게를 3번 옮겨 게임을 하고 주인 팀과 교대하기 위해 다시 복귀하는데 이는 주인 팀도 다양한 표현을 골고루 사용해 보게 하기 위함이다. 6팀을 기준으로 했을 때 본인 가게를 제외하고 3번씩 게임을 하려면 교대 시 첫 번째 팀의 마지막 가게로 옮겨서 게임을 다시 시작해야 한다. 이와 같이 상황에 따라 세심하게 준비하여 운영하는 것이 중요하다.

● 활동지 1 – 가게별 물건 가격표

가게	물건 및 가격			
	①	②	③	④
옷 가게	shoes $8	dress $10	T-shirts $3	hat $5
과일 가게	strawberries $7	plums $6	limes $5	bananas $10
문방구	pencils $1	erasers $2	notes $4	pens 3$
과자점	cookies $5	choclates $7	candies $4	ice cream $6
스포츠용품	rackets $10	bat $9	gloves $7	ball $8
잡화점	cup $2	vase $4	mirror $6	soap $3

● 활동지 2 - 손님 팀 전용 대화표

가게 종류	사용 대화
옷 가게 (dress shop)	① How much are the (　　　　　　　)? 　– (　　　　　) (　　　) dollars. ② (　　　　　　　) is the dress? 　– It's (　　　) dollars. ③ How much is the (　　　　　　　)? 　– (　　　　　) (　　　) dollars. ④ (　　　　　　　) are the T-shirts? 　– They're (　　　) dollars.
과일 가게 (fruit shop)	① How much are the (　　　　　　　)? 　– (　　　　　) (　　　) dollars. ② (　　　　　　　) are the plums? 　– They're (　　　) dollars. ③ How much are the (　　　　　　　)? 　– (　　　　　) (　　　) dollars. ④ (　　　　　　　) are the bannans? 　– They're (　　　) dollars.
문방구 (stationery store)	① How much are the (　　　　　　　)? 　– (　　　　　) (　　　) dollars. ② (　　　　　　　) are the erasers? 　– They're (　　　) dollars. ③ How much are the (　　　　　　　)? 　– (　　　　　) (　　　) dollars. ④ (　　　　　　　) are the pens? 　– They're (　　　) dollars.

가게 종류	사용 대화

과자점
(cookie shop)
	① How much are the ( )?
	  – ( ) ( ) dollars.
	
	② ( ) are the chocolates?
	  – They're ( ) dollars.
	
	③ How much are the ( )?
	  – ( ) ( ) dollars.
	
	④ ( ) are the ice cream?
	  – They are ( ) dollars.

스포츠 용품점
(sporting goods store)
	① How much are the ( )?
	  – ( ) ( ) dollars.
	
	② ( ) is the bat?
	  – It's ( ) dollars.
	
	③ How much are the ( )?
	  – ( ) ( ) dollars.
	
	④ ( ) is the ball?
	  – It is ( ) dollars.

잡화점
(general stroe)
	① How much is the ( )?
	  – ( ) ( ) dollars.
	
	② ( ) is the vase?
	  – It's ( ) dollars.
	
	③ How much is the ( )?
	  – ( ) ( ) dollars.
	
	④ ( ) is the soap?
	  – It is ( ) dollars.

Ⅳ. 할리갈리로 수업 응용하기

1 사회

　삼국 시대의 유물이나 인물, 사건 등을 사진 카드로 제작하여 가운데에 두고 고구려, 백제, 신라가 써진 카드를 1장씩 내려놓으면서 진행하는 게임으로 삼국 시대의 국가별 키워드를 익힐 수 있다. 할리갈리 기본 규칙대로 게임을 진행하되 사진 카드와 관련된 나라 이름이 나오고 해당 나라 카드에 그려진 별 개수의 합이 5가 되면 가운데 종을 친다. 먼저 친 사람이 사진 카드의 이름(유물, 인물, 사건 등)을 말하고 정답일 경우 나라 카드를 모두 가져간다.

2 음악

　음표와 쉼표를 이용해서 카드를 만들어 게임을 하면 자연스럽게 음표와 쉼표의 종류와 특징을 습득할 수 있다. 이 활동은 가창이나 기악 수업을 할 때 음의 길이를 이해하여 바르게 가창하고 연주하는 데 도움이 된다. 할리갈리의 기본 규칙을 적용하되 카드를 만들 때에는 음표와 쉼표를 그림으로 제시하고 여기에 그 이름도 함께 쓴다. 음표와 쉼표의 구분 없이 합이 다섯 박이 되면 가운데 종을 친다.

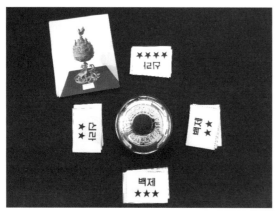

● 사회 과목에 응용한 예

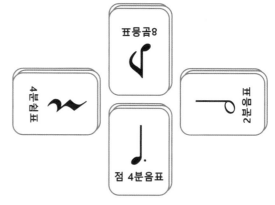

● 음악 과목에 응용한 예

할리갈리는 매우 대중적이고 게임 규칙도 쉬워서 접근성이 높은 보드게임지만 막상 수업으로 연결하려면 연구가 많이 필요한 것 같아요.

맞아요. 보드게임의 원래 규칙을 그대로 써서는 학습 목표에 도달하기 어려워요. 그래서 게임 규칙을 변형하는데, 이 과정에서 연구를 많이 해야 하죠. 할리갈리뿐 아니라 다른 게임도 마찬가지인데, 의도에 맞게 게임을 재구성하는 과정에서 보드게임을 억지로 끼워 맞추지 않도록 주의해야 해요. 게임을 적용하는 것이 목적이 아니라 수업 목표에 맞춰 게임을 효과적으로 활용하는 것이 중요하니까요.

저는 수학 교과에 할리갈리를 매우 자주 활용하는 편이에요. 다양한 도형을 카드에 그려 넣고 섞어서 같은 종류의 도형이 나오면 종을 쳐서 가져가는 방식으로 진행을 해요. 도형의 모양, 크기는 상관없어요. 같은 종류면 돼요. 또, 고학년의 경우 비와 비율 단원에서 비, 비율, 백분율을 섞어서 같은 종류가 나오면 종을 치게 하는데 여러 개념을 직관적으로 구분하는 데 도움이 돼요.

할리갈리는 개념 이해 중심의 수업에서 배운 내용을 확인하는 활동으로 활용하면 좋습니다. 친구들과 재미있게 게임을 즐기며 자연스럽게 배운 내용을 다시 한번 정리할 수 있기 때문이죠. 저는 과학 교과에서 외울 것이 있을 때 주로 사용하는데, 과학 실험 도구나 동식물, 달의 모양 등을 그림으로 제시해서 반복적으로 게임을 하면 이를 쉽게 외울 수 있어요. 또한 식물 구조의 명칭을 말한 뒤 그것의 기능을 설명하는 것처럼 규칙을 추가할 수도 있습니다.

할리갈리가 인기 있는 이유는 규칙이 쉽고, 긴장을 유지하면서 빠르게 진행할 수 있기 때문인데, 너무 어렵거나 복잡한 개념을 적용하려고 하면 생각하는 데 시간이 오래 걸려서 긴장감이나 흥미가 떨어져서 학습 효과가 적을 수 있어요. 재구성할 때 이 점을 고려하면 좋겠어요.

동의합니다. 복잡한 문장이나 어려운 단어를 적용하는 건 무리일 것 같아요. 픽토그램이나 단순한 그림으로 카드를 구성하고 규칙도 단순하게 만들어서 재구성하면 효과가 높아요.

파라오코드 수학 수업

I. 파라오코드와 친해지기

① 게임 소개

파라오코드는 주사위 3개를 굴려 나온 숫자들을 서로 더하거나, 빼거나, 곱하거나, 나눠서 피라미드에 놓인 타일과 같은 숫자가 되게 하는 사칙연산 게임이다. 게임 인원은 2~5명으로 20분이 소요되며, 게임판 1개, 모래시계 1개, 숫자 타일 48장, 주사위 3개, 규칙서로 구성되어 있다. 파라오코드는 연산 능력, 조합 능력, 순발력을 향상시키면서도 재미를 두루 갖춘 보드게임이다.

② 게임 방법

▶ 게임 준비

❶ 숫자 타일 48장을 숫자가 적힌 면의 테두리 색깔에 따라 단계별로 구분해 쌓는다.

❷ 게임판을 펼친 후, 숫자 타일 더미를 게임판 피라미드의 각 층 옆에 단계별(1층-노란색, 2층-파란색, 3층-빨간색, 4층-검은색)로 놓는다.

❸ 피라미드 각 층의 옆에 있는 타일 더미에서 숫자 타일을 가져와 빈칸을 채운다.

❹ 모래시계와 주사위를 게임판 근처에 두고 먼저 주사위를 굴릴 사람(선)을 정한다.

⏱ 게임 진행

❶ 주사위 던지기
  - 선은 주사위 3개를 동시에 던진 후, 주사위에 나온 숫자가 한눈에 잘 보이도록 놓는다.

❷ 문제 풀기
  - 모든 플레이어는 동시에 문제를 푼다. 주사위에 나온 숫자를 보고 그 숫자를 이용한 연산식을 만든다. 덧셈이나 뺄셈, 곱셈, 나눗셈을 이용하여 연산식을 만들 수 있으며 괄호도 사용할 수 있다. 연산식을 만들 때에는 주사위에 나온 숫자 2개 또는 3개를 사용해야 하며, 각 주사위에 나온 숫자는 1번씩만 사용해야 한다. 단, 게임판 위에 놓인 타일의 숫자가 정답이 되도록 연산식을 만들어야 한다.

❸ 타일 가져오기
- 연산식 만들기에 성공했다면 정답을 외치고 해당 숫자 타일을 자기 앞으로 가져온다. 숫자 타일을 가져온 뒤 모래시계를 뒤집는다. 다른 플레이어들은 모래시계의 모래가 모두 아래로 떨어지기 전까지 연산식을 만들 수 있다. 라운드당 플레이어는 숫자 타일을 1개씩만 가져올 수 있다.

❹ 연산식 증명하기
- 모래시계의 모래가 모두 아래로 떨어지면 ②, ③단계는 끝나며, 연산식을 제대로 만들었는지 증명한다. 증명이 올바르면 숫자 타일의 앞면(숫자)이 보이도록 자기 앞에 별도로 모아 둔다. 이 타일들은 게임 종료 후 승점으로 인정된다. 증명하지 못하거나 연산식이 틀렸다면, 숫자 타일의 뒷면(황금풍뎅이)이 보이도록 자기 앞에 별도로 모아 둔다. 이 타일들은 게임 종료 후 벌점으로 인정된다.

❺ 게임판의 비어 있는 칸 채우기
- 게임판의 비어 있는 칸을 단계에 맞는 숫자 타일로 채운다. 한 라운드가 종료되면 다음 선에게 주사위 3개를 넘긴다.

📍 게임 종료

게임판의 비어 있는 칸을 숫자 타일로 더 이상 채울 수 없을 때 즉시 게임이 종료된다. 게임 종료 후 각 플레이어는 자신이 획득한 승점과 벌점을 합산하여 최종 점수를 계산한다. 최종 점수를 비교하여 가장 높은 점수를 획득한 플레이어가 승리한다. 만약 동점이라면, 획득한 타일 개수(벌점 타일 포함)가 더 많은 플레이어가 승리한다. 타일 개수가 같을 경우에는 더 높은 숫자가 적힌 타일을 가진 플레이어가 승리한다.

✪ 게임 TIP

❶ 모래시계의 모래가 모두 아래로 떨어지기까지 걸리는 시간은 약 30초이다. 시간이 너무 촉박하여 게임 진행이 어렵다면 모래시계 대신 스탑워치 등을 활용하여 시간을 늘려 진행한다. 다만 시간을 길게 할수록 게임의 박진감과 긴장감은 다소 떨어질 수 있다.

❷ 연산식을 만들 때 주사위에 나온 숫자 3개를 모두 사용해도 되고 2개만 사용해도 된다는 것을 안내한다. 다만 숫자 3개를 모두 사용해서 연산식을 만들 경우에 높은 단계의 숫자 타일을 획득할 가능성이 커진다는 것도 함께 안내한다.

❸ 숫자 타일을 가져가는 것만으로 승점을 획득할 수 없다. 연산식을 올바르게 증명해야만 승점으로 인정된다. 다른 플레이어들은 해당 플레이어가 올바르게 연산식을 증명하는지 확인해야 한다.

Ⅱ. 파라오코드로 수업 꾸리기

1 수업 개관

　　간단한 규칙으로 혼합 계산을 배울 수 있는 수업 도구 중 하나가 파라오코드 보드게임이다. 기본적으로 파라오코드는 모든 플레이어가 게임판을 보고 동시에 게임을 진행하는 방식으로 이루어진다. 따라서 실제 학급에서 활용할 때에도 1개의 보드게임만을 가지고 운영할 수 있기 때문에 효율성이 매우 높다.

　　이 수업은 초등학교 고학년 수학 수업으로 자연수의 혼합 계산 연습하고 입체 도형의 전개도를 알아보는 데에 그 목적이 있다. 기본 수업은 다양한 혼합 계산을 할 수 있게 학급 전체 단위의 파라오코드 활동으로 구성한다. 심화 수업은 직육면체와 정육면체의 전개도를 그려서 주사위를 만들고, 스마트패드를 게임판으로 활용하여 친구들과 함께 게임을 하는 활동으로 구성한다.

2 수업 핵심 내용

● 덧셈, 뺄셈, 곱셈, 나눗셈, ( )의 혼합 계산에서 계산하는 순서를 알고, 혼합 계산을 할 수 있다.
● 직육면체와 정육면체의 전개도를 그릴 수 있다.

3 수업 한눈에 보기

주제	혼합 계산과 입체 도형 파라오코드	
기본	1~2차시 혼합 계산 파라오코드 함께 즐기기	→	1 파라오코드 주사위로 혼합 계산식 알아보기 2 파라오코드 타일로 혼합 계산식 만들기 3 파라오코드 게임 하며 혼합 계산 익히기
심화	3~4차시 입체 도형 파라오코드 함께 만들며 전개도 이해하기	→	1 입체 도형의 전개도 알아보기 2 입체 도형 파라오코드 게임 만들기 3 입체 도형 파라오코드로 친구들과 게임하기

III. 파라오코드로 수업하기

1 기본 수업 - 혼합 계산 파라오코드 함께 즐기기

✏ 활동 개관

1~2차시에 걸친 기본 수업의 소주제는 '혼합 계산 파라오코드 함께 즐기기'이다. 활동 1에서는 파라오코드의 팔면체, 십면체, 십이면체 주사위에 나온 숫자를 활용하여 혼합 계산식과 계산 순서를 알아본다. 활동 2에서는 파라오코드의 숫자 타일을 활용하여 혼합 계산식을 만든다. 활동 3에서는 파라오코드의 기본 규칙을 익혀 보드게임을 하고 이 과정에서 자연스럽게 혼합 계산을 익힌다.

활동 1 │ 파라오코드 주사위로 혼합 계산식 알아보기

🎵 활동 방법

❶ 주사위 3개를 활용하여 덧셈, 뺄셈, ( )가 섞여 있는 식을 세우고 계산 순서를 알아본다.

💬 "이건 파라오코드의 팔면체, 십면체, 십이면체 주사위예요. 이 주사위 3개를 굴려서 나온 숫자를 사용해서 덧셈, 뺄셈, ( )가 섞여 있는 식을 세우고, 계산 순서를 나타내 보세요."

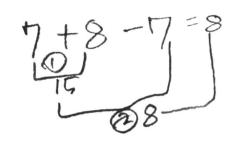

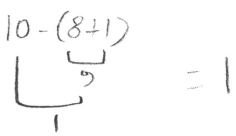

"덧셈과 뺄셈이 섞여 있는 식은 어떤 순서로 계산해야 할까요?"

앞(왼쪽)에서부터 차례대로 계산해야 해요.

"덧셈, 뺄셈, ( )가 섞여 있는 식은 어떤 순서로 계산해야 할까요?"

"덧셈, 뺄셈, ( )가 섞여 있는 식은 ( ) 안을 먼저 계산해야 해요."

❷ 주사위 3개를 활용하여 곱셈, 나눗셈, ( )가 섞여 있는 식을 세우고 계산 순서를 알아본다.

"이번에는 주사위에 나온 숫자를 사용해서 곱셈, 나눗셈, ( )가 섞여 있는 식을 세우고, 계산 순서를 나타내 보세요."

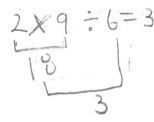

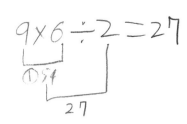

"곱셈과 나눗셈이 섞여 있는 식은 어떤 순서로 계산해야 할까요?"

"앞(왼쪽)에서부터 차례대로 계산해야 해요."

"곱셈, 나눗셈, ( )가 섞여 있는 식은 어떤 순서로 계산해야 할까요?"

"곱셈, 나눗셈, ( )가 섞여 있는 식에서는 ( ) 안을 먼저 계산해야 해요."

❸ 주사위 3개를 활용하여 덧셈, 뺄셈, 곱셈, 나눗셈, ( )가 섞여 있는 식을 세우고 계산 순서를 알아본다.

이번에는 주사위에 나온 숫자를 사용해서 덧셈, 뺄셈, 곱셈, 나눗셈, ( )가 섞여 있는 식을 세우고, 계산 순서를 나타내 보세요.

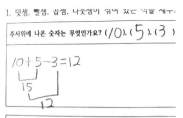

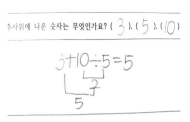

"덧셈, 뺄셈, 곱셈, 나눗셈이 섞여 있는 식은 어떤 순서로 계산해야 할까요?"

"먼저 곱셈이나 나눗셈을 계산한 다음 덧셈이나 뺄셈을 계산해야 해요."

"덧셈, 뺄셈, 곱셈, 나눗셈, ( )가 섞여 있는 식은 어떤 순서로 계산해야 할까요?"

😊 ( )가 섞여 있는 식은 ( ) 안을 먼저 계산해야 해요.

☆ 활동 Tip

❶ 주사위에 나온 숫자의 순서와 무관하게 혼합 계산식을 세우도록 안내한다.

❷ ( )가 없을 때와 있을 때의 계산 순서가 달라짐을 강조한다.

❸ 같은 숫자, 같은 종류의 사칙연산을 사용한 혼합 계산식이 있는지 틈틈이 확인한다.

💡 생생 수업 속으로

교과서에 제시된 순서대로 먼저 덧셈과 뺄셈이 섞여 있는 혼합 계산을 학습하고, 다음으로 곱셈과 나눗셈, 마지막으로 덧셈, 뺄셈, 곱셈, 나눗셈 모두 섞여 있는 혼합 계산을 학습하도록 구성하였다. 모든 사칙연산이 섞여 있는 혼합 계산에서는 사칙연산 기호가 중복되지 않도록 2가지를 골라서 사용하도록 안내하였다.

곱셈과 나눗셈이 섞여 있는 혼합 계산 단계에서는 주사위를 다시 던져야 할 상황이 여러 번 있었다. 그 이유는 나눗셈의 계산 결과가 자연수 형태로 나와야 하기 때문이다. 주사위를 다시 던질 때에는 나눗셈에서 나머지 없이 나누어 떨어지는 계산 결과를 얻기 위해서는 어느 정도 주사위 운도 따라야 한다는 점을 학생들에게 충분히 설명했다.

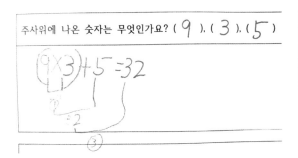

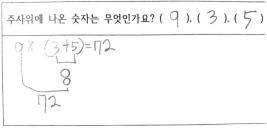

위 사진처럼 9, 3, 5, 곱셈, 덧셈을 동일하게 사용하였지만, ( )의 위치가 달라 계산 순서와 결과가 달라지는 사례를 발견하여 활동 중간에 학생들에게 알려 주었다. 이를 통해 사칙연산과 ( )가 섞여 있을 때 계산 순서가 중요하다는 것을 강조할 수 있었다.

활동 2 | 파라오코드 타일로 혼합 계산식 만들기

🎵 활동 방법

❶ 숫자 타일을 사용하여 덧셈, 뺄셈, ( )가 섞여 있는 혼합 계산식을 만든다.

    🧐 "파라오코드에는 네 종류의 숫자 타일이 있어요. 그중에서 먼저 노란색 숫자 타일을 사용해서 활동을 해 볼게요."

    🧐 "(노란색 숫자 타일 '11'을 보여 주며) 먼저 선생님이 덧셈, 뺄셈, ( )가 섞여 있는 식을 만들어 볼게요."

$$2+(10-1)=11$$

    🧐 "이번에는 여러분이 직접 덧셈, 뺄셈, ( )가 섞여 있는 식을 세우고, 계산 순서를 나타내 보세요."

 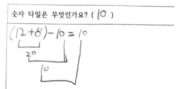 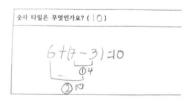

❷ 숫자 타일을 사용하여 곱셈, 나눗셈, ( )가 섞여 있는 혼합 계산식을 만든다.

    🧐 "(파란색 숫자 타일 '28'을 보여 주며) 이번에는 파란색, 빨간색 숫자 타일을 사용해 볼게요. 먼저 선생님이 곱셈, 나눗셈, ( )가 섞여 있는 식을 만들어 볼게요."

$$7\times4=28$$
$$7\times(12\div3)=28$$

    🧐 "이번에는 여러분이 곱셈, 나눗셈, ( )가 섞여 있는 식을 세우고, 계산 순서를 나타내 보세요."

 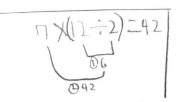 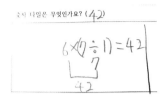

❸ 숫자 타일을 사용하여 덧셈, 뺄셈, 곱셈, 나눗셈, ( )가 섞여 있는 혼합 계산식을 만든다.

🧑‍🏫 "(검정색 숫자 타일 '90'을 보여 주며) 이번에는 검정색 숫자 타일을 사용해 볼게요. 먼저 선생님이 덧셈, 뺄셈, 곱셈, 나눗셈, ( )가 섞여 있는 식을 만들어 볼게요."

$$9 \times (12 - 2) = 90$$

🧑‍🏫 "이번에는 여러분이 덧셈, 뺄셈, 곱셈, 나눗셈, ( )가 섞여 있는 식을 세우고, 계산 순서를 나타내 보세요."

✪ 활동 Tip

❶ 처음에는 교사가 혼합 계산식을 만드는 방법을 예시를 들어 보여 준다.

❷ 계산식을 만들 때 가급적 1∼12 사이의 숫자를 사용하도록 안내한다.

❸ 파란색, 빨간색 타일을 제시할 때에는 의도적으로 곱셈구구로 값이 바로 나오는 숫자를 사용한다.(파란색 타일 '19', 빨간색 타일 '23' 제외)

💡 생생 수업 속으로

이 활동은 학생들에게 매우 낯선 경험을 제공한다. 왜냐하면 이 활동은 정답을 정해 놓고 그 답이 나오는 과정을 만드는 것인데, 학생들이 주로 다루는 계산식은 마지막에 정답이 나오기 때문이다. 그럼에도 불구하고 숫자 타일을 사용하여 혼합 계산식을 만드는 활동을 구성한 이유는 다음과 같다.

첫째, 실제 파라오코드 보드게임에서 숫자 타일이 정답이 된다. 학생들에게 안내할 때에도 숫자 타일을 정답으로 만들어야 한다는 점을 강조하였다. 또한 실제 파라오코드가 1~12 사이의 숫자를 사용하기 때문에 가급적 1~12 사이의 숫자를 중복되지 않게 사용하여 혼합 계산식을 세우게 했다.

둘째, 노랑-파랑-빨강-검정 순으로 점점 큰 수를 정답으로 만들기 위해서는 곱셈과 나눗셈을 사용해야 한다는 것을 학생들이 알게 하기 위해서이다. 비교적 큰 수를 정답으로 만들기 위해서는 덧셈과 뺄셈만 사용한 식으로는 한계가 있어 곱셈과 나눗셈을 적절히 사용해야 한다.

셋째, 거꾸로 계산하는 방법을 익힐 수 있다. 특히 파라오코드에서 주사위 숫자는 매번 바뀌지만 계산 결과인 게임판에 놓인 숫자 타일은 그대로이므로 보드게임과 유사한 활동이라 볼 수 있다.

실제로 활동을 해 보니 학생들은 주사위 범위인 1~12 사이의 숫자를 사용하는 데 어려움을 느꼈다. 이 때문에 주사위 범위를 벗어난 숫자를 사용해 혼합 계산식을 만드는 학생들이 자주 보였다. 최대한 파라오코드 보드게임과 비슷한 환경에서 학습하고자 했던 의도와는 사뭇 다른 결과가 조금은 아쉽기도 했다.

실제 파라오코드의 규칙과 가장 가까운 활동은 사칙연산 중에서 2가지를 선택하고 ( )까지 섞여 있는 혼합 계산식을 만드는 과정이다. 그래서 학생들이 이 활동을 가장 어려워할 것으로 생각하였다. 하지만 학생들은 오히려 곱셈, 나눗셈, ( )가 섞여 있는 혼합 계산식 만들기가 더 어려웠고, 같은 숫자를 중복해서 쓸 수 없게 한 규칙 때문에 어려움을 겪었다고 이야기했다.

그리고 이어서 할 학급 전체 파라오코드 활동에서는 교사가 게임을 진행하기 때문에 개별 학생의 계산 순서 오류를 탐지하는 것이 쉽지 않으므로 이번 활동을 통해 충분히 학습하도록 하였다.

활동 3 | 파라오코드 게임 하며 혼합 계산 익히기

🎵 활동 방법

❶ 유튜브 영상 자료를 활용하여 파라오코드의 게임 방법을 익힌다.

● 게임판 위에 숫자 타일을 색깔에 따라 단계별로 채우고, 선이 주사위를 굴린다.

● 주사위에 나온 숫자를 사용하여 동시에 모든 사람이 계산식을 만든다.

● 가장 먼저 계산식을 만든 사람은 정답 타일 1개를 가져가고 모래시계를 뒤집는다.

● 다른 사람도 모래가 모두 떨어지기 전까지 계산식을 만들면 정답 타일 1개를 가져갈 수 있다.

● 계산식을 증명하면 타일은 승점으로 인정되고, 앞면(숫자)이 보이도록 자기 앞에 놓는다.

● 증명에 성공하지 못한 타일은 벌점으로 인정되고, 뒷면(황금 풍뎅이)이 보이도록 자기 앞에 놓는다.

"선생님이 이 게임에서 중요한 규칙을 한 번 더 설명해 줄게요."

– 주사위를 굴린 후, 가장 먼저 숫자를 외친 학생이 해당 숫자 타일을 가져간다.
– 가장 먼저 숫자 타일을 가져가면 모래시계를 뒤집는다.
– 한 라운드에서는 1개의 숫자 타일만 가져갈 수 있다.
– 모래시계가 모두 떨어진 뒤, 해당 숫자 타일의 계산 과정을 증명한다.
– 증명에 성공하면, 해당 타일은 앞면으로 놓고 승점으로 인정한다.
– 증명에 성공하지 못하면, 해당 타일은 뒷면으로 놓고 벌점으로 인정한다.
– 게임판의 빈칸을 더이상 채울 수 없을 때 게임을 종료하고, 개인별 점수를 계산한다.

❷ 파라오코드 게임을 하며 혼합 계산을 익힌다.

❸ 활동 소감을 나눈다.

  😎 "반 친구들과 파라오코드 보드게임을 함께한 소감을 말해 보세요."

  😊 "보드게임을 했는데 공부한 것 같은 느낌이 들었어요."

  😊 "친구들이 먼저 답을 찾을 때 나도 모르게 긴장이 됐어요."

  😊 "모래시계가 전부 떨어진 후에 정답을 발견했을 때 아쉬웠어요."

  😊 "모래시계 시간이 더 길면 더 많이 찾을 수 있을 것 같아요."

  😊 "이렇게 재밌게 공부하는 수학이라면 매일 할 수 있을 것 같아요."

✪ 활동 Tip

❶ 학생들이 충분히 게임을 즐길 수 있도록 파라오코드 설명 영상을 미리 보고 오게 하여 활동 시간을 확보하는 것이 좋다.

❷ 실물 화상기를 사용하여 주사위와 게임판, 숫자 타일을 모든 학생이 볼 수 있게 한다.

❸ 시간을 변경하려면 스마트폰, PC 등에서 사용할 수 있는 타이머를 별도로 준비한다.

😀 생생 수업 속으로

게임을 하는 동안 게임판을 TV로 보여 줘야 하기 때문에 교실에 있는 실물 화상기를 사용하는 것을 추천한다. 만약 미러링을 통해 보여 주고자 한다면, 미러링 동글, 거치대 등이 준비되어 있어야 보다 원활하게 활동을 진행할 수 있다. 또한 스마트폰 카메라 화면이 중간에 꺼지는 상황이 발생하지 않도록 화면 꺼짐 시간을 충분히 여유 있게 설정해야 한다.

규칙상 한 라운드에서 최초로 숫자 타일을 가져간 후 모래시계를 뒤집으면 약 30초가 소요된다. 학급 전체의 수준이나 환경에 따라 별도의 타이머를 활용하여 시간을 변경하여 적용하는 것도 좋은 방법이다. 그럴 경우에는 스마트폰, PC 등 별도의 타이머로 시간을 변경한다. 그러나 시간을 변경하여 게임을 진행한다 하더라도 가급적 1분을 넘지 않도록 해야 한다. 그 이유는 시간이 길어져도 계산하여 정답이 나오는 경우는 한정되어 있고, 지나치게 긴 시간으로 인해 긴장감이 떨어지기 때문이다. 한정된 수업 시간 역시 고려해야 한다.

이 활동은 학급 전체를 대상으로 하기 때문에 주사위에 나온 숫자를 반복적으로 말해 줌으로써 모든 학생이 잘 들을 수 있게 하였다. 그리고 학생들이 공책에 계산하는 시간과 암산하는 시간의 차이가 크지 않기 때문에 공책을 준비하여 계산하며 풀 수 있게 하였다. 활동 전에 증명하지 못한 숫자 타일은 벌점으로 인정된다고 안내하니 꽤 많은 학생들이 공책을 준비하였다.

20~25명 정도의 학급 규모일 때 게임 시간은 약 20~25분 정도 소요되었다. 그리고 15점 정도 승점을 획득한 학생이 우승하는 경우가 많았다. 대부분 학생들이 공책에 계산하며 참여해서 그런지 벌점을 받은 학생이 많지 않았고, 1~2명 정도만 벌점을 받았다.

❷ 심화 수업 - 입체 도형 파라오코드 함께 만들며 전개도 이해하기

✏️ 활동 개관

    3~5차시에 걸친 심화 수업의 소주제는 '입체 도형 파라오코드 함께 만들며 전개도 이해하기'이다. 수업은 직육면체, 정육면체 전개도를 살펴보고, 주사위를 만들어 친구들과 입체 도형 파라오코드 보드게임을 해 보는 것에 그 초점이 있다. 활동 1에서는 컴퓨터 프로그램을 활용하여 입체 도형의 전개도를 알아본다. 활동 2에서는 전개도를 그리고 주사위를 만들고, 입체 도형 파라오코드의 규칙을 생각한다. 활동 3에서는 친구들과 함께 입체 도형 파라오코드 보드게임을 하고, 전개도를 보며 어떤 입체 도형인지 알아본다.

활동 1 | 입체 도형 전개도 알아보기

🎵 활동 방법

❶ 입체 도형의 전개도를 알아본다.

    😀 "입체 도형 파라오코드를 만들기 위해 먼저 주사위를 만들어 볼게요. (폴리 프로그램(이하 폴리)에서 정육면체를 보여 주며) 정사각형 6개로 둘러싸인 입체 도형의 이름은 무엇인가요?"

    😀 "정육면체예요."

    😀 "정육면체 같은 입체 도형에서 면과 면이 만나는 선분을 모서리라고 해요. (폴리에서 전개도로 변하는 과정을 보여 주며) 그렇다면 모서리를 잘라서 펼친 그림을 무엇이라고 할까요?"

    😀 "전개도라고 해요."

❷ 폴리 프로그램을 설치하고 다양한 입체 도형의 전개도를 관찰한다.

    😀 "이 프로그램은 입체 도형 공부를 할 수 있는 '폴리'예요. '수학사랑' 홈페이지에서 내려받을 수 있어요."

> **폴리 프로그램 다운로드 및 설치 방법**
> 1. '수학사랑' 홈페이지(mathlove.kr)에 접속한다.
> 2. '소프트웨어' → '폴리' → '폴리 평가판 다운로드' 순서로 클릭하여 파일을 다운받아 설치한다.

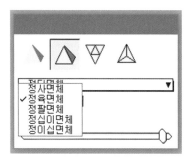 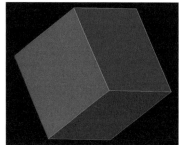 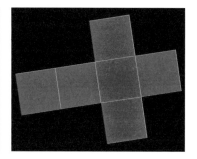

🤓 "폴리 프로그램을 실행한 후, 정육면체의 전개도를 확인하고 정육면체로 접는 과정을 알아보세요."

🤓 "폴리에서 파라오코드에서 사용하는 팔면체, 십면체, 십이면체 주사위 모양을 찾아볼게요."

❸ 정육면체의 특징을 알아본다.

😊 "정육면체는 어떤 특징을 가지고 있나요?"

😄 "정사각형 6개로 둘러싸여 있어요. 모서리의 길이는 모두 같고, 꼭짓점은 8개, 모서리는 12개, 면은 6개예요."

😄 "면과 면이 수직으로 만나요. 정육면체는 직육면체라고 말할 수 있어요."

✪ 활동 Tip

❶ 폴리 프로그램을 사용하기 위해서 학교 컴퓨터실을 이용한다.

❷ 폴리에서 정육면체 전개도는 '정다면체'를 선택하면 찾을 수 있다.

❸ 정육면체 전개도 학습이 끝난 후, 파라오코드에서 사용하는 팔면체, 십면체, 십이면체 전개도를 찾게 한다.(정팔면체, 정십이면체 전개도는 '정다면체'를 선택하고, 십면체 전개도는 '겹각뿔 및 엇겹각뿔―엇붙인 오각뿔'을 선택하면 찾을 수 있다.)

💡 생생 수업 속으로

　입체 도형의 전개도를 알아보는 데 좋은 수업 도구로 '폴리(Poly)' 프로그램을 추천한다. 폴리는 무료로 사용할 수 있고, 전개도가 입체 도형으로 변하는(접히는) 과정까지 관찰할 수 있다는 장점이 있다.

　학생들이 프로그램을 설치하고 조작 및 학습하는 데에 실제 소요된 시간을 따져 보니 10~15분 정도였다. 다음 활동에서 직접 전개도를 그린 후, 그것으로 주사위를 만들어야 하기 때문에 학생들이 전개도를 접고 펴는 과정을 입체적으로 이해하도록 충분한 시간을 주었다.

　초등학교 수학에서 다루는 입체 도형은 직육면체, 정육면체, 원기둥, 원뿔, 구 정도이다. 하지만 파라오코드의 주사위는 팔면체, 십면체, 십이면체로 중학교 수학 영역이라고 볼 수 있다. 폴리에서 파라오코드 주사위 전개도를 찾아 학습할 때, 각 입체 도형의 구체적인 특징을 파악하기보다는 기본적으로 이해할 수 있는 수준까지만 다루도록 하였다. 주사위 한 면을 구성하는 도형의 종류가 무엇인지, 면의 개수에 따라 주사위 이름이 어떻게 되는지, 주사위를 굴렸을 때 일이 일어날 가능성은 어떻게 되는지 정도만 다루면 초등 수준에 알맞은 활동이라 볼 수 있다.

활동 2 | 입체 도형 파라오코드 게임 만들기

♬ 활동 방법

❶ 입체 도형 파라오코드 게임에 필요한 주사위를 생각한다.

  "실제 파라오코드에서는 팔면체, 십면체, 십이면체 주사위 3개를 사용해요. 우리는 직육면체, 정육면체 전개도를 가지고 주사위를 만들어 볼게요. 주사위를 어떻게 만들면 좋을까요?"

  "직육면체와 정육면체는 6개의 면으로 이루어져 있기 때문에, 1~15 사이의 숫자 중에서 6개를 골라서 주사위를 사용하면 좋겠어요."

  "직육면체는 굴렸을 때, 가장 넓게 보이는 밑면이 나오는 경우가 많기 때문에 해당 면에는 자주 사용되는 3~6 사이의 숫자를 적으면 좋겠어요."

  "직육면체 2개, 정육면체 2개를 만들고, 주사위를 던지는 사람이 그중 3개를 선택해서 던지면 좋겠어요."

❷ 직육면체와 정육면체 전개도를 그리고, 주사위를 만든다.

  "모눈종이에 직육면체와 정육면체 전개도를 그려 볼게요."

  "직육면체와 정육면체 전개도를 오려서 주사위를 완성해 볼게요."

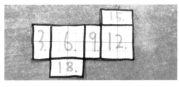
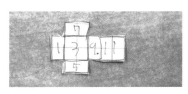
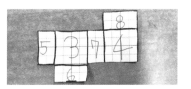
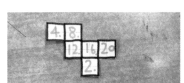

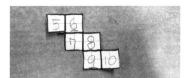

❸ 스마트패드에 '랜덤 번호 숫자 생성기' 앱을 설치한다.

　💬 "실제 파라오코드 보드게임에는 게임판과 숫자 타일이 있어요. 하지만 우리는 스마트패드에 '랜 덤 번호 숫자 생성기' 앱을 설치해서 게임판과 숫자 타일을 대신하려고 해요."

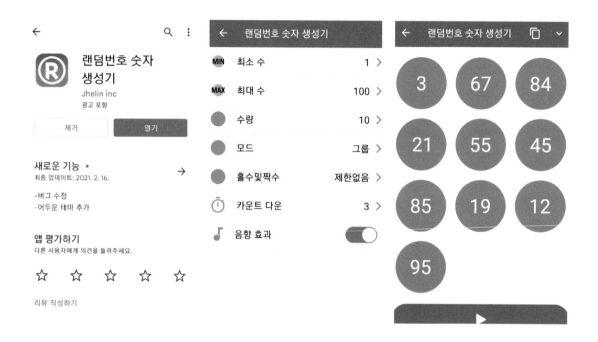

❹ 입체 도형 파라오코드 게임에 필요한 규칙을 만든다.

　💬 "주사위와 게임판, 숫자 타일이 준비됐네요. 게임을 하려면 어떤 게 더 필요할까요?"

　💬 "모래시계같이 시간을 잴 수 있는 도구가 필요해요."

　💬 "승점이나 벌점을 계산할 수 있는 점수 방식을 정해야 해요."

　💬 "시간을 어떻게 잴 수 있을까요?"

　💬 "스마트폰이나 스마트패드에 있는 타이머를 활용해요."

　💬 "점수는 어떻게 계산하면 좋을까요?"

　💬 "전부 1점으로 계산하면 좋겠어요."

　💬 "1~50 사이의 정답은 1점, 51 이상의 정답은 2점으로 하면 좋겠어요."

✪ 활동 Tip

❶ 전개도는 완성된 주사위 크기를 생각하여 적당한 크기로 그리게 한다.

❷ 주사위를 완성한 후에는 각 면에 숫자를 기록하기 어려우므로 전개도 상태에서 숫자를 기록하게 한다.

❸ 주사위 각 면에 너무 큰 수를 쓰면 실제 혼합 계산을 할 때 계산이 어렵기 때문에 1~15 사이의 숫자를 쓰게 한다.

❹ 숫자 6과 9 읽는 방향에 따라 헷갈릴 수 있으므로 밑줄이나 마침표를 넣어서 주사위를 만든다.

❺ '랜덤 번호 숫자 생성기' 앱을 최소 수 1, 최대 수 80, 수량 10개, 그룹 모드, 홀수 및 짝수는 제한 없음으로 세부 설정하여 사용한다.

   – 그룹 모드는 최소 수~최대 수 사이의 숫자가 반복되어 나오지 않게 하기 위한 설정이다.

   – 홀수 및 짝수를 제한 없음으로 설정하는 이유는 홀수와 짝수가 랜덤으로 나오도록 하기 위해서이다.

😀 생생 수업 속으로

첫 활동으로 학생들과 주사위를 어떻게 만들면 좋을지 이야기를 나누었다. 다양한 의견들이 나왔고, 그중 가장 많은 학생이 동의한 의견으로 주사위 만들기를 진행하였다.

추가로 안내한 부분은 주사위 만들 때 지나치게 큰 숫자와 '0'을 넣으면 혼합 계산이 제대로 되지 않는다는 점이다. 너무 큰 숫자를 적으면 혼합 계산 과정이 복잡해지고 시간이 오래 걸린다. 이에 주사위에 1~15 사이의 숫자를 기록하게 하였다. 그리고 '0'을 기록하면 결과 값이 너무 작아지거나 '0'이 되기 때문에 입체 도형 파라오코드를 진행하기에 부적합하다는 점을 설명했다.

주사위 전개도를 그릴 때에는 전 시간에 활용했던 폴리 프로그램과 교과서를 참고하여 모눈종이가 인쇄된 용지에 그리게 하였다. 본 활동에서는 한글의 표 기능을 이용하여 그린 모눈종이를 A4용지에 인쇄하여 사용하였다.(해당 파일은 QR 코드를 통해 다운받을 수 있다.)

● 모눈종이 파일 다운받기

스마트패드에서 활용할 수 있는 랜덤 숫자 생성기 앱은 여러 가지가 있지만 입체 도형 파라오코드 활동을 위해 최소 수, 최대 수, 수량, 반복 등을 세부적으로 설정할 수 있는 '랜덤 번호 숫자 생성기'를 사용하였다.

마지막 활동으로 입체 도형 파라오코드의 규칙을 정하였는데, 특히 승점, 벌점을 정할 때 의견이 분분했다. 왜냐하면 스마트패드의 앱에서 나오는 숫자는 가져가거나 뒤집을 수 없기 때문이다. 가장 많이 동의하는 의견 두 가지를 안내하고, 추후 모둠원끼리 의견을 모아 결정하게 하였다.

활동 3 | 입체 도형 파라오코드로 친구들과 게임하기

🎵 활동 방법

❶ 친구들과 함께 만든 입체 도형 파라오코드 게임을 한다.

> 🙂 "모둠별로 입체 도형 파라오코드 게임을 해 볼게요. 스마트패드로 '랜덤 번호 숫자 생성기' 앱을 실행한 뒤 패드를 가운데에 놓고, 여러분이 만든 주사위를 활용해서 입체 도형 파라오코드 게임을 해 보세요."

❷ 실제 파라오코드 게임과 입체 도형 파라오코드를 비교한다.

> 🙂 "여러분이 직접 만든 주사위로 게임을 한 소감을 이야기해 보세요."
>
> 🙂 "주사위를 그리고 만드는 과정이 힘들었지만 재미있어요."
>
> 🙂 "직육면체 주사위에서 같은 숫자가 자주 나와서 게임을 더 쉽게 할 수 있었어요."
>
> 🙂 "파라오코드처럼 다양한 입체 도형 모양의 주사위도 만들어 보고 싶어요."
>
> 🙂 "실제 파라오코드 보드게임과 비교하여 비슷한 점과 다른 점을 찾아 이야기해 보세요."
>
> 🙂 "주사위를 던져서 혼합 계산을 하는 방식이 비슷해요."
>
> 🙂 "파라오코드에서는 다른 모양 주사위 3개를 사용하지만, 입체 도형 파라오코드에서는 같은 모양의 주사위도 있어요."
>
> 🙂 "파라오코드에서는 게임판과 숫자 타일을 사용하는데, 입체 도형 파라오코드는 앱을 사용해요."
>
> 🙂 "다음 라운드로 넘어갈 때, 파라오코드에서는 비어 있는 숫자 타일만 교체되지만 입체 도형 파라오코드에서는 모든 숫자 타일이 교체돼요."
>
> 🙂 "점수 계산도 달라요."

❸ 전개도를 보고 입체 도형의 이름을 떠올린다.

> 🙂 "(직육면체 전개도를 보여 주며) 이 전개도를 접으면 어떤 입체 도형이 될까요?"
>
> 🙂 "(다양한 전개도를 보여 주며) 다음의 전개도를 접었을 때 직육면체 또는 정육면체가 되지 않는 것

을 찾아보세요. 왜 그렇게 생각하는지도 이야기해 보세요."

😀 "직육면체나 정육면체가 되기 위해서는 6개의 면이 필요하기 때문이에요."

😀 "전개도를 접었을 때 겹치는 면이 있어요."

☆ 활동 Tip

❶ 모둠별로 정한 세부 규칙을 인정해 준다. 제한 시간, 정답으로 증명된 숫자 타일의 점수, 정답으로 인정하는 숫자 타일 개수, 벌점 등을 모둠별로 다르게 하여 진행하는 것도 좋다.

❷ 활동 종료 시간을 고려하여 제한 시간은 최대 2분을 넘어가지 않도록 한다.

😀 생생 수업 속으로

이전 활동에서 모둠별로 만들어진 주사위는 정육면체 2개, 직육면체 2개였다. 주사위를 던지는 역할(선)을 돌아가며 하도록 진행하고 선은 4개의 주사위 중에서 마음에 드는 3개를 골라 던지기로 하였다. 만약 주사위를 3개 던졌는데 정답을 찾지 못하는 상황이 나오면 모둠원끼리 동의를 거쳐 주사위를 다시 던지게 하였다.

직육면체 주사위를 던질 때, 예상했던 대로 넓은 밑면이 나오는 경우가 많았는데 해당 면을 가장 자주 사용하는 숫자로 표시했기 때문에 불편함 없이 게임이 진행되었다. 오히려 직육면체 주사위의 좁은 밑면이 나올 때 여기저기서 신기하다는 반응이 나와 입체 도형 파라오코드의 재미를 더했다.

처음에 제한 시간은 1분으로 통일하여 안내하였다. 중간에 모둠별로 타이머의 제한 시간을 다르게 설정하는 것을 허락하였더니, 조별 수준에 맞는 타이머 설정(1분30초, 2분 등)이 이루어졌다. 그래도 게임의 긴장감이나 재미를 위해서 2분을 초과하지 않도록 하였다.

점수 계산은 기본적으로 모든 숫자 타일을 승점 1점으로 계산하게 하였고, 모둠원끼리 합의할 경우 1~50까지는 1점, 51 이상은 2점으로 계산하게 하였다.

기본 규칙과 동일하게 한 라운드에서 인정하는 정답 개수는 1개로 하였다. 정답을 많이 찾은 사람에게 더 많은 승점을 주자는 의견이 많았다. 하지만 잘하는 사람과 못하는 사람의 점수 격차, 어려워하는 학생들에 대한 배려 차원에서 정답 인정 개수는 1개로 통일하여 진행하였다.

입체 도형 파라오코드 게임이 끝난 후, 전개도와 입체 도형의 관계를 확인하는 활동을 진행하였다. 그리고 여러 가지 전개도(접어서 입체 도형이 되는 것과 안 되는 것)를 보여 준 후 입체 도형이 될 수 없는 이유를 이야기하며 활동을 마무리하였다.

Ⅳ. 파라오코드로 수업 응용하기

1 국어

파라오코드를 활용하여 한글 초성 익히기 또는 학습 정리용 국어 수업을 할 수 있다. 게임은 기본 규칙으로 진행하되 다음 내용만 변형한다.

❶ 한글 초성으로 구성된 주사위 4개를 마련한다.

❷ 게임판에 숫자 타일을 뒤집어 황금 풍뎅이가 보이도록 놓는다.

❸ 초성 주사위 4개를 굴린 후, 해당 초성이 들어간 낱말을 말하며 타일을 가져온다.

❹ 1층 타일을 획득하려면 초성 1개가 들어간 낱말을 외쳐야 한다. 같은 방식으로 2층은 초성 2개, 3층은 초성 3개, 4층은 초성 4개가 들어간 낱말을 외쳐야 타일을 얻을 수 있다.

2 영어

파라오코드를 활용하여 알파벳과 영어 단어 익히기용 영어 수업을 할 수 있다. 게임은 기본 규칙으로 진행하되 다음 내용만 변형한다.

❶ 알파벳을 표시한 주사위와 그림(동물, 직업, 스포츠, 물건 등) 타일을 마련한다.

❷ 주사위의 알파벳에 해당하는 그림 타일을 가져간다. 타일 1개당 1점으로 계산한다.

● 주사위 전개도

● 영어 단어 타일

교육 목적의 보드게임은 일반적인 보드게임에 비해 재미가 덜하다는 반응이 많은데, 파라오코드는 학생들이 다시 하고 싶다는 이야기를 많이 해요. 교육과 재미, 두 마리 토끼를 한 번에 잡은 셈이죠. 그래서 교실에서 활용하기에 더 좋은 보드게임이란 생각이 들어요.

맞아요. 많은 아이들이 좋아하죠. 기본적으로 파라오코드는 사칙연산을 활용하기 때문에 수학 교과와 관련성이 높아요. 그래서인지 영재 교육을 담당하는 선생님들이 많이 찾는 보드게임이기도 해요.

아이들이 게임에서 사용하는 주사위도 신기해해요. 일반적으로 많이 사용하는 직육면체 모양이 아니라는 점과 3개를 사용하는 점을 마음에 들어 하더라고요. 주사위 운이 모든 참가자에게 똑같이 적용된다는 점 또한 매력적이에요.

게임을 할 때 주사위를 바꿔서 진행해도 좋다고 생각해요. 예를 들면, 육면체 주사위 2개와 팔면체 주사위 1개를 사용하면 좀 더 낮은 숫자가 나오기 때문에 게임의 난이도를 조절할 수 있죠.

파라오코드는 게임을 하는 학생들의 수준에 차이가 있으면 금세 흥미를 잃거나 포기하는 학생들이 생기기도 해요. 그래서 수준이 비슷한 학생끼리 모둠을 구성해서 게임을 진행할 때 학생들이 훨씬 더 즐거워했어요.

구구단을 학습한다거나 기초적인 수학 공부에 대한 흥미를 일깨우는 보드게임으로는 파라오코드만 한 게 없는 것 같아요. 어른들의 두뇌 회전을 목적으로도 활용할 수 있고요.

다빈치코드 수학 수업

Ⅰ. 다빈치코드와 친해지기

1 게임 소개

다빈치코드는 전 세계적으로 베스트셀러인 추리 게임이다. 우리나라에서 가장 많이 팔린 추리 보드게임이기도 하다. 다빈치코드를 할 때에는 흰색, 검은색 숫자 타일을 일정한 규칙에 따라 순서대로 놓아야 한다. 이 게임에서는 이것을 코드라 부르고 각자가 다른 사람이 모르는 비밀 코드를 가지고 게임을 시작한다. 자기 비밀 코드의 보안을 유지하면서 다른 사람들의 비밀 코드를 모두 알아내는 것이 게임의 목표이다. 게임 인원은 2~4명으로 15분이 소요되며, 구성물로는 숫자 타일 24개(흰색, 검은색 각각 0~11)와 조커 타일 2개가 있다. 다빈치코드는 추측과 이를 통해 밝힌 정보를 바탕으로 논리적인 추리를 하여 상대방의 비밀 코드를 알아내는 보드게임이기에 가능성을 바탕으로 한 수학적 추론 능력을 기르는 데 도움이 된다.

2 게임 방법

▶ 게임 준비

❶ 숫자 타일 24개를 잘 섞어 숫자가 보이지 않게 바닥에 뒤집어 놓는다. 조커 타일 2개는 빼 둔다.

❷ 색깔과 관계없이 각자 타일을 4개씩 무작위로 가져와 다른 사람에게 숫자가 보이지 않게 자기 앞에 일렬로 세운다.(4명이 게임을 할 때는 3개씩만 가져온다.)

❸ 타일을 세울 때는 왼쪽에 가장 작은 수를 놓고 오른쪽으로 갈수록 큰 수를 놓아야 한다.

❹ 수가 같다면 검은색 타일을 왼쪽에, 흰색 타일을 오른쪽에 놓는다.

　　예 검은색 5, 검은색 11, 흰색 1, 흰색 5 타일을 가져왔다면, 가장 작은 수인 흰색 1 타일을 가장 왼쪽에 세우고 그 오른쪽에 검은색 5, 흰색 5, 검은색 11 타일을 차례로 세운다.

❺ 선을 정하고 게임을 시작한다. 차례는 시계 방향으로 돌아간다.

🔄 게임 진행

❶ 타일 가져오기, 추리하기

– 자기 차례가 되면 바닥에 뒤집어 놓은 타일 가운데 하나를 가져와 이미 세워 놓은 타일 사이에 순서를 맞춰 세운다. 그러고 나서 다른 사람의 타일 가운데 하나를 가리키며 어떤 숫자가 적혀 있는지 맞히는 방식으로 다른 사람의 비밀 코드를 추리한다.

⒠ 이번 차례에 흰색 9 타일을 가져왔다면 규칙에 맞게 흰색 5 바로 오른쪽에 세운다. 그 후 앞사람의 코드를 추측한다. 앞사람의 가장 오른쪽 타일이 검은색이면 검은색 타일 중 가장 큰 수인 11을 가지고 있기 때문에 그보다 작은 수인 10일 것이라고 추측하고 그 검은색 타일을 가리키며 "이거 10이지?"라고 말한다.

– 타일을 지적당한 사람은 결과를 바로 알려 준다. 맞았을 경우 해당 타일을 숫자가 보이도록 눕혀 놓고 틀렸을 경우 추리한 사람이 이번 차례에 가져온 타일을 숫자가 보이도록 눕혀 놓는다.

❷ 계속해서 추리하기 또는 차례 마치기

– 추리가 맞았다면 계속해서 추리할 수도 있고 차례를 마칠 수도 있다.

– 계속해서 추리하기: 바닥에 있는 타일을 가져오지 않고 다른 타일을 계속 추리한다. 추리가 틀릴 때까지 계속할 수 있고, 추리를 멈추고 차례를 넘길 수도 있다. 한 번이라도 추리가 틀리면 이번 차례에 가져왔던 타일을 눕혀서 공개하고 차례를 넘긴다.

– 차례 마치기: 추리가 맞았어도 계속해서 다른 타일을 추리하지 않고 차례를 넘길 수 있다. 이때는 차례를 시작할 때 가져온 타일을 공개하지 않는다.

❸ 같은 방법으로 진행하기

– 차례를 넘겨받은 사람은 앞사람과 마찬가지로 바닥에 뒤집혀 있는 타일 중 하나를 가져온 뒤 다른 사람의 코드를 추리한다. 게임 도중 비밀 코드가 모두 밝혀진 사람은 게임에서 빠진다.

– 게임이 끝나지 않았는데 내 차례에 바닥에서 가져올 타일이 없다면 타일 가져오기를 생략하고 추리만 한다. 이때부터는 추리가 틀리면 아직 공개되지 않은 타일 가운데 하나를 공개해야 한다.

🏁 게임 종료

1명만 남고 나머지 모든 사람의 비밀 코드가 밝혀지면 게임이 끝나고, 마지막까지 남은 사람이 승리한다.

II. 다빈치코드로 수업 꾸리기

1 수업 개관

이 수업은 초등학교 고학년 수학 수업으로 일이 일어날 가능성의 정도가 직관적으로 파악되는 상황을 경험하며 가능성을 말과 수로 표현하는 데 그 목적이 있다. '보드게임을 활용하여 일이 일어날 가능성 탐구하기'라는 주제로 기본, 심화로 나뉘며 총 4차시로 수업을 구성한다. 기본 수업은 가능성의 의미를 알아보고 보드게임을 통해 일이 일어날 가능성을 경험하는 단계이다. 일이 일어날 가능성 알아보기, 다빈치코드 활동하기, 다빈치코드 삼국지 대회 등의 활동을 포함한다. 심화 수업은 게임을 통해 문제 상황에서 평균과 가능성을 탐구하는 단계이다. 비밀 코드 가능성 게임, 비밀 코드 가능성 문제 만들고 해결하기, 비밀 코드 평균 게임 활동을 포함한다.

2 수업 핵심 내용

- 일상생활에서 가능성과 관련된 상황을 '불가능하다', '아닐 것 같다', '반반이다', '~일 것 같다', '확실하다' 등으로 나타낼 수 있다.
- 가능성을 수나 말로 나타낸 예를 찾아보고, 가능성을 비교할 수 있다.
- 사건이 일어날 가능성을 수로 표현할 수 있다.
- 평균의 의미를 알고, 주어진 자료의 평균을 구할 수 있으며, 이를 활용할 수 있다.

3 수업 한눈에 보기

주제	다빈치코드로 일이 일어날 가능성 탐구하기	
기본	1~2차시 다빈치코드 파헤치기	→ 1 일이 일어날 가능성 알아보기 2 다빈치코드 알아보기 3 다빈치코드 삼국지 대회
심화	3~4차시 비밀 코드 속 평균과 가능성	→ 1 비밀 코드 가능성 게임 2 비밀 코드 가능성 문제 만들고 해결하기 3 비밀 코드 평균 게임

III. 다빈치코드로 수업하기

① 기본 수업 - 다빈치코드 파헤치기

✏️ 활동 개관

　1~2차시에 걸친 기본 수업의 소주제는 '다빈치코드 파헤치기'이다. 수업은 일이 일어날 가능성에 대해 알아보고 다빈치코드를 통해 가능성의 의미를 적용해 보는 데 그 초점이 있다. 가능성에 대해 지도할 때 교사가 해야 할 주요한 일은 일상생활 속의 구체적인 자료를 소재로 학생들이 다양한 사례를 경험하고 관찰할 수 있게 하는 것이다.

　이에 활동 1에서는 일이 일어날 가능성의 의미를 알아보고, 이를 수로 표현해 본다. 활동 2에서는 다빈치코드 보드게임의 규칙을 알고 실제로 게임을 하면서 그 가능성을 파악하며 상대방의 비밀 코드를 추측한다. 활동 3에서는 '다빈치코드 삼국지 대회'라는 이름으로 다빈치코드 게임을 하면서 가능성을 활용하여 가장 추측을 잘하는 학생을 뽑는 토너먼트 대회를 진행한다.

활동 1 | 일이 일어날 가능성 알아보기

🎵 활동 방법

❶ 주사위를 굴려 여러 가지 상황에 대한 가능성을 추측한다.

　🤔 "주사위를 굴렸을 때 1~6 사이의 수가 나올 가능성은 어느 정도일까요?"

　😀 "무조건 나와요. 확실해요."

　🤔 "주사위를 굴렸을 때 7 이상의 수가 나올 가능성은 어느 정도일까요?"

　😀 "절대로 나오지 않아요. 불가능해요."

　🤔 "주사위를 굴렸을 때 짝수(또는 홀수)가 나올 가능성은 어느 정도일까요?"

　😀 "나올 수도 있고 안 나올 수도 있어요. 반반이에요."

❷ 우리 주변에서 일어날 수 있는 다양한 가능성의 상황을 찾아본다.

　🤔 "어떤 일이 일어날 가능성이 확실한 경우에는 무엇이 있을까요?"

　😀 "해가 동쪽에서 뜨는 것입니다. 주사위를 던졌을 때 1~6 사이의 숫자가 나오는 경우예요."

　🤔 "어떤 일이 일어날 가능성이 반반인 경우에는 무엇이 있을까요?"

　😀 "동전을 던졌을 때 숫자(또는 그림)가 나올 가능성입니다."

🤖 "어떤 일이 일어날 가능성이 불가능한 경우에는 무엇이 있을까요?"

　　　😀 "해가 서쪽에서 뜨는 것입니다."

❸ 가능성의 의미를 정리한다.

　　　🤖 "가능성이란 어떠한 상황에서 특정한 일이 일어나길 기대할 수 있는 정도를 말합니다. 가능성의 정
　　　　도는 '불가능하다, 아닐 것 같다, 반반이다, ~일 것 같다, 확실하다' 등으로 표현할 수 있습니다."

❹ 가능성을 표현하는 말을 수로 바꾸어 표현한다.

　　　🤖 "가능성을 표현하는 말을 수로 나타내 봅시다. '확실하다'라는 일이 일어날 가능성은 0부터 1까
　　　　지의 수 중에서 어떤 수로 표현할 수 있을까요? 그리고 '불가능하다'라는 일이 일어날 가능성, '반
　　　　반이다'라는 일이 일어날 가능성은 0부터 1까지의 수 중에서 어떤 수로 표현할 수 있을까요?"

　　　😀 "'확실하다'는 1로, '불가능하다'는 0으로, '반반이다'는 1/2 또는 0.5로 표현할 수 있어요."

✪ 활동 Tip

❶ 이번 활동은 수학 교과와 직접적인 연관이 있기 때문에 교과서를 활용해도 좋다. 다만 다음 활동에서 다빈치코드를 활용하므로 교과서의 전체적인 흐름을 고려하여 교과서와 활동이 연계될 수 있도록 알맞게 재구성해야 한다.

❷ 학생들이 자신의 일상적인 경험 속에서 가능성을 찾을 수 있도록 이끈다.

❸ 가능성을 수로 표현하는 것을 어려워하는 학생들을 위해 0~1까지의 범위의 의미와 분수의 개념을 다시 한번 상기하는 것도 좋다.

👋 생생 수업 속으로

　　일상생활에서 일이 일어날 가능성의 사례를 찾는 것은 어렵지 않다. 다만 아이들에게 필요한 것은 다양한 가능성의 상황을 수학적으로 사고하여 가능성과 수학을 연결 지을 수 있는 힘이다. 반드시 수학적인 상황이 아니더라도 아이들이 생활하며 겪는 다양한 상황을 가능성과 연결할 수 있도록 이끌어야 한다.

　　〈일이 일어날 가능성이 확실한 경우〉
　　– 오늘이 월요일인데 내일이 화요일이 될 가능성, 시간이 지나면 늙을 가능성
　　〈일이 일어날 가능성이 반반인 경우〉
　　– 내일 비가 오거나 안 올 가능성, 탕수육을 먹을 때 소스를 찍어 먹거나 부어 먹을 가능성
　　〈일이 일어날 가능성이 불가능한 경우〉
　　– 자고 일어났더니 내가 어른이 되어 있을 가능성, 아빠가 엄마가 될 가능성

활동 2 | 다빈치코드 알아보기

🎵 활동 방법

❶ 유튜브 영상 자료를 활용하여 다빈치코드 게임 방법을 익힌다.

숫자타일을 **뒤집어 바닥에** 내려놓기~

● 숫자 타일 24개를 잘 섞어 숫자가 보이지 않게 바닥에 뒤집어 놓는다.

낮은 숫자가 왼쪽으로 가도록 세우기~

● 4개의 타일을 무작위로 가져와 일렬로 세운다. 타일을 세울 때는 왼쪽에 가장 작은 수를, 오른쪽으로 갈수록 큰 수를 놓는다.

3. **내 숫자들과 비교**, 순서대로 배치~

● 자기 차례가 되면 바닥에 뒤집어 놓은 타일 가운데 하나를 가져와 이미 세워 놓은 타일 사이에 순서를 맞춰 세운다.

숫자타일을 **지목하면서**, 숫자 말하기~

● 다른 사람의 타일 가운데 하나를 가리키며 어떤 숫자가 적혀 있는지 맞히는 방식으로 다른 사람의 비밀 코드를 추리한다.

알아맞힌 숫자는 바로 **공개모드** 전환~

● 타일을 지적당한 사람은 바로 결과를 알려 준다.

못 맞혔을 경우, 자동으로 다음 사람 차례~

● 추리가 맞으면 해당 타일을 공개하고, 틀리면 추리한 사람이 가져온 타일을 공개하고 차례가 넘어간다.

원한다면 한번 더 지목 가능~

● 추리가 맞았다면 계속해서 추리하거나 차례를 마치고 다음 차례로 넘길 수 있다.

모든 상대방 숫자를 알아내는 게임~

● 같은 방법으로 계속 진행한다.

● 1명만 남고 나머지 모든 사람의 비밀 코드가 밝혀지면 게임이 끝나고, 마지막까지 남은 사람이 승리한다.

❷ 학생들이 간과하기 쉬운 부분을 중심으로 게임 규칙을 다시 설명하며 정리한다.

💬 "선생님이 중요한 게임 규칙을 다시 한번 설명해 줄게요."

1. 24개(0~11까지 흰색, 검은색 각각 1set)의 무작위로 섞어 뒤집어 놓은 타일 중 4개의 타일을 가져온다.

2. 타일을 세울 때는 가장 작은 수를 왼쪽, 가장 큰 수를 오른쪽에 놓고, 왼쪽에서 오른쪽으로 놓는다. 같은 수라면 검은 타일을 왼쪽, 흰 타일을 오른쪽에 놓는다.

3. 순서를 정하고 자기 순서가 되면 바닥에 있는 타일 중 하나를 가져와 처음 시작할 때 세워 놓은 타일에 순서를 맞춰 놓은 후 다른 사람의 타일을 추리한다.

4. 다른 사람의 타일 가운데 하나를 가리키고 어떤 숫자인지 맞힌다.
   – 맞았을 경우: 지목당한 사람이 해당 타일을 공개한다.
   – 틀렸을 경우: 방금 자신이 가져온 타일을 공개한다.

5. 추리가 맞으면 다음 두 가지 행동 중 하나를 선택할 수 있다.
   – 계속 다른 추리를 이어 간다.
   – '패스'를 외치고 순서를 다음 사람에게 넘긴다.

6. 계속 같은 방법으로 진행 후 1명만 남고 나머지 모든 사람의 비밀 코드가 밝혀지면 게임이 끝나고, 마지막까지 남은 사람이 승리한다.

✪ 활동 Tip

❶ 많은 학생들이 다빈치코드의 규칙을 알고 있지만 게임을 처음 해 보는 학생들의 이해를 돕기 위해 유튜브 매뉴얼 영상을 활용하면 좋다.

❷ 다빈치코드를 처음 하는 학생들은 왼쪽과 오른쪽의 기준을 많이 어려워한다. 플레이어가 자신의 타일을 바라본 방향에서 왼쪽에서 오른쪽으로 갈수록 수가 커지기 때문에 자신이 상대방의 타일을 바라본 방향으로는 오른쪽에서 왼쪽으로 갈수록 수가 커진다. 같은 수일 경우 검은색과 흰색 타일의 방향 역시 같은 방법으로 추리할 수 있도록 안내해야 한다.

❸ 추리가 맞았다고 해서 계속해서 다른 추리를 할 필요는 없으며 '패스'를 전략적으로 활용하면 다른 사람에게 차례를 넘겨 자신의 타일을 공개하지 않을 수 있다.

❹ 활동을 하면서 다양한 상황들을 가능성과 연결하여 '불가능하다, 아닐 것 같다, 반반이다, ~일 것 같다, 확실하다' 등의 표현을 생각하며 게임을 할 수 있도록 안내한다.

❺ 2개(흰색, 검은색)의 조커 타일을 사용하면 게임 난이도가 조금 높아진다. 조커 타일은 원하는 위치 아무 곳에나 놓을 수 있다. 즉, 조커 타일을 내가 원하는 그 어떤 숫자로도 활용할 수 있다. 서로 같은 숫자인 흰색과 검은색 타일 사이에 놓을 수도 있고, 0 타일의 왼쪽이나, 11 타일의 오른쪽에 놓을 수도 있다. 그러나 한 번 정한 위치를 게임 도중 옮길 수는 없다.

🌝 생생 수업 속으로

다빈치코드는 대부분의 학생들이 규칙을 알고 있을 정도로 많은 사랑을 받는 보드게임이다. 특히나 루미큐브나 파라오코드처럼 수를 이용해 생각하고 추리하는 것을 좋아하는 학생들이 더욱 즐겨 찾는다. 그렇기에 수업 시간에 규칙을 설명하는 데 많은 시간을 쏟지 않아도 좋다. 추천하는 방법은 쉬는 시간에 아이들에게 미리 게임을 나누어 주는 것이다. 아이들은 새로운 게임에 몰려들 것이고 게임을 진행하기 위해 이전에 게임을 해 본 아이들이 친구들에게 자기들만의 언어로 쉽게 게임에 대해 설명해 준다. 물론 직접 게임을 하면서 많은 시행착오를 겪지만 놀이를 하는 과정에서 경험하는 시행착오를 두려워하는 아이들은 많지 않다.

보드게임 속에는 많은 수학적 요소가 담겨 있지만 학생들은 잘 생각하려 하지 않는다. 그렇기 때문에 이번 수업의 의도는 일상생활 속에서 자연스럽게 가능성이라는 수학적 요소를 다빈치코드와 연결하는 것이었다. 아이들은 수업을 하며 자연스럽게 사고 과정에서 나타나는 가능성의 영역을 게임에 적용했다.

다빈치코드를 할 때 아이들이 가장 많이 하는 실수가 타일의 순서를 착각하는 것이다. 특히 이런 실수는 타일이 많이 공개되지 않은 경기 초반에 많이 나온다. 왼쪽에서 오른쪽으로의 갈수록 수가 커진다는 것만 생각하다가 내가 바라본 위치에서 상대방의 가장 왼쪽 타일을 가리키며 당당하게 "0"을 외친다. 상대방 역시 자신이 바라본 위치에서 왼쪽에서 오른쪽으로 오름차순으로 배열을 했기 때문에 내가 바라본 위치에서 가장 작은 수는 상대방의 가장 오른쪽 타일이다. 초반의 이런 실수는 게임의 승패에 전반적으로 영향을 미치기 때문에 경기 시작 전에 학생들에게 강조해서 설명하는 것이 좋다.

활동 3 | 다빈치코드 삼국지 대회

🎵 활동 방법

❶ 3명(또는 4명)씩 모둠을 구성한다.

❷ 각 플레이어는 한 국가의 왕이 되어 게임을 통해 다른 국가를 통일할 수 있다.

❸ 전체 경기는 토너먼트 형식으로 진행되고 상대 모둠과의 경기에서 승리한 사람은 통일 국가의 왕이 되고, 진 사람은 왕의 책사가 되어 다음 경기에서 왕이 승리할 수 있도록 돕는다. 다만 타일을 옮길 수 있는 주도권은 왕이 갖는다. 왕은 책사의 조언을 듣고 최종 판단을 내린다.

❹ 대진표에 따라 계속해서 경기를 진행하고 최종전에서 승리한 사람은 전체 통일 국가의 왕이 된다.

❺ 다빈치코드 삼국지 대회를 통해 경험한 다양한 가능성 상황과 소감 등을 이야기하고 공유한다.

✪ 활동 Tip

❶ 토너먼트 형식을 위해 전체 모둠의 수는 4의 배수가 되게 꾸리는 것을 추천한다. 여섯 모둠이 나오면 부전승 규칙을 활용하면 되지만 다음 경기를 위한 대기 시간이 길어질 수 있다. 학급 인원수에 따라 정확하게 모둠을 나눌 수 없으면 2명이 경기를 하는 모둠을 구성할 수도 있다.

❷ 모둠마다 경기 속도가 다르기 때문에 먼저 게임을 끝낸 모둠은 다른 모둠의 경기를 관람하게 한다. 이 때에는 서로 대화를 나누는 과정에서 비밀 코드가 밝혀지지 않도록 주의한다.

❸ 경기에서 승리한 왕의 이름을 부르며 만세 삼창을 외치면 더욱 재미있다. 최종전에서 승리한 왕은 반전체 학생들이 승리한 왕의 이름을 부르면 만세 삼창을 외쳐 준다.

❹ 조금 더 많은 학생들이 동시에 참여하는 방식을 택하고 싶다면 리그전으로 게임을 진행하는 것이 좋다. 토너먼트와 다르게 리그전으로 운영할 때는 미리 팀을 정하고 경기를 진행하며 승패의 횟수를 기록하게 한다. 경기가 끝나는 시간이 팀마다 다르기 때문에 새롭게 경기할 팀이 없으면 잠시 관전을 하다가 경기가 끝나는 팀이 나오면 대결을 펼친다. 상대를 바꿔 가며 게임을 이어 가면서 제한된 시간 안에 가장 많이 승리한 팀이 최종 승자가 된다.

● 다빈치코드 삼국지 대회

💡 생생 수업 속으로

경쟁은 놀이의 재미를 더해 주는 요소이다. 하지만 너무 경쟁에 치우치다 보면 주객이 전도되거나 다툼이 일어나는 등 많은 부작용이 발생한다. 따라서 이번 수업의 포인트는 '오늘의 적군이 내일의 아군이 되는 것'이다. 이에 경기에서 패배한다고 해도 게임에 계속해서 참여할 수 있는 장치를 마련하였다. 그것이 바로 진 사람이 이긴 사람의 책사가 되는 것이다. 책사가 되어 왕을 도와주면 지속적으로 게임에 참여할 수 있고 분명한 역할 또한 생긴다. 경기에서 이긴 사람은 자신의 책사가 계속 늘어나고, 경기를 하면서 자신이 미처 생각하지 못했던 다양한 가능성들을 책사와 함께 생각하며 승리 전략을 세울 수 있다.

교실에서 아이들과 다빈치코드 삼국지 대회를 진행해 보니 혼자 생각하며 경기를 할 때와 책사와 팀이 되어 경기를 할 때의 교실 분위기가 사뭇 달랐다. 친구들과 팀을 이루어 서로의 지혜를 모아 협동하며 상대방의 비밀 코드를 추리하는 아이들의 표정에는 생기가 가득했다.

게임에서 승리한 왕의 이름으로 만세 삼창을 외치거나 왕의 이름을 부르며 환호하는 등의 장치는 게임에 재미를 더해 준다. 더불어 단순히 경쟁을 넘어 진 팀과 이긴 팀의 구분 없이 다시 한 팀이 되어 결속력을 다져 준다.

이번 수업의 목표는 다빈치코드 삼국지 대회를 통해 수학적 추론 능력을 신장하는 것이다. 따라서 경기를 반복하며 가능성을 탐구하고 논리적 추리를 할 수 있는 기회가 충분히 주어져야 한다. 경기 시작 전 자신이 최종 통일 국가의 왕이 될 가능성은 얼마나 될지 추측하고 시작하는 것도 또 하나의 재미를 더할 수 있다.

❷ 심화 수업 - 비밀 코드 속 평균과 가능성

✐ 활동 개관

3~4차시에 걸친 심화 수업의 소주제는 '비밀 코드 속 평균과 가능성'이다. 수업은 가능성과 평균을 활용하여 비밀 코드로 문제를 만들고 해결하는 데 그 초점이 있다. 활동 1에서는 비밀 코드 속에 숨겨진 다양한 가능성 상황을 보고 알아맞힌다. 활동 2에서는 직접 가능성에 맞는 문제를 만들고 친구들과 함께 문제를 내고 해결한다. 활동 3에서는 수학 시간에 배운 평균을 활용하여 다양한 자료들의 평균을 구한다.

활동 1 | 비밀 코드 가능성 게임

♫ 활동 방법

❶ 비밀 코드를 활용하여 일이 일어날 가능성별로 상황에 알맞은 문제를 제시한다.

  💬 "화면 속 비밀 코드를 보고 상대방 타일로 나올 수 있는 수들의 가능성을 생각하여 비밀 코드를 알아내 봅시다. 첫 번째 화면에서 상대방의 가장 왼쪽에 있는 타일에 올 수 있는 숫자는 무엇일까요? 우리가 활용했던 다빈치코드 타일 중에 조커 타일만 제외했어요."

  💬 "타일이 검은색이고 그 옆에 공개된 숫자가 2이며, 제가 1을 가지고 있기 때문에 상대방의 가장 왼쪽에 있는 타일은 0 아니면 1입니다."

  💬 "두 번째 화면에서 가능성이 확실한 타일은 어떤 것일까요?"

  💬 "검은색 0과 2사이에 있는 검은색 타일이에요. 0과 2 사이에 올 수 있는 수는 1밖에 없고 같은 색이기 때문에 검은색 1이 확실해요."

🤔 "상대방의 타일 중 검은색 2의 오른쪽(상대방 기준)에 있는 흰색 타일은 어떤 숫자일까요?"

😊 "3~10까지의 수 중에서 하나가 올 수 있어요. 아직 단서가 부족해서 어떤 수가 있는지 확신할 수 없어요. 게다가 조커도 고려해야 하고요."

❷ 다양한 가능성 상황별 문제를 제시하여 풀게 한다.

● 가능성이 반반인 경우

● 가능성이 확실한 경우

✪ 활동 Tip

❶ 문제의 난이도 조절을 위해 조커 타일을 제외하고 2명이서 게임을 하는 상황을 가정해서 비밀 코드를 제시한다.

❷ 개인별로 실력 차이가 클 때는 모둠을 구성하여 친구들과 협동하여 문제를 해결하게 한다.

❸ 다빈치코드를 충분히 경험해야만 문제를 해결하는 데 용이하기 때문에 수업 전 쉬는 시간이나 점심시간을 활용하여 게임을 하게 한다.

✪ 생생 수업 속으로

비밀 코드 가능성 게임은 교사가 가능성이 확실한 경우, 반반인 경우, 불가능한 경우의 예를 사전에 사진으로 찍어 아이들에게 문제로 제시하는 방식으로 진행하는 것이 좋다. 게임을 할 때 가능성이 확실한 경우에는 논리적 추리를 활용해 왜 확실한지에 대한 이유까지 이야기할 수 있도록 유도해야 한다. 그렇지 않으며 아이들은 단순히 '찍기신공'을 활용하여 아무 숫자나 찍기도 한다. 다빈치코드에서 가능성이 불가능한 경우의 대부분은 타일을 잘못 놓았을 때이다. 간혹 아이들이 타일을 놓는 순서를 착각하여 잘못 놓기도 하기 때문에 게임 중에 가능성이 불가능하다고 판단되면 타일을 놓은 사람에게 한 번 더 확인하도록 한다.

처음 문제를 제시했을 때 아이들이 무척 당황해했다. 하지만 이내 문제를 해결하는 방법을 파악하여 게임을 이어 나갔다. 수학적 추론 능력이 뛰어난 아이들을 중심으로 모둠을 구성하여 친구들과 협동하여 문제를 풀게 했더니 다빈치코드를 어려워하는 친구들도 재미있게 활동에 참여하였다.

활동 2 | 비밀 코드 가능성 문제 만들고 해결하기

🎵 활동 방법

❶ 앞서 푼 가능성 문제를 바탕으로 새로운 비밀 코드 가능성 문제를 만들고, 다른 친구들이 만든 문제를 해결한다.

🗨️ "이번에는 여러분이 직접 비밀 코드 가능성 문제를 만들어 봅시다."

〈비밀 코드 가능성 문제 만드는 방법〉
1. 활동지를 나누어 주고 친구들과 자연스럽게 다빈치코드 게임을 진행한다.
2. 게임 과정 중 상대방 비밀 코드의 가능성이 확실한 경우, 반반인 경우, 불가능한 경우의 상황이 나오면 잠시 게임을 멈추고 활동지에 그림으로 그린다.(핸드폰이나 태블릿으로 사진을 찍어 두면 더욱 좋다.)
3. 문제를 적고 해당 타일이 왜 답인지 자신의 생각을 적는다.

🗨️ "짝과 함께 서로 만든 문제를 바꿔서 풀어 봅시다. 짝이 낸 문제 중 우리 반 친구들과 함께 풀어 보고 싶은 문제가 있으면 추천해서 반 친구들과 함께 풀어 보세요."

● 학생들이 만든 문제들

비밀 코드 가능성 문제 만들기

구분	내용
비밀 코드 문제 만들기	※내가 생각한 문제를 그림으로 그려보세요.
나만의 정답지	※문제에 대한 정답을 이유와 함께 자세하게 적어 보세요.

비밀 코드 가능성 문제 만들기

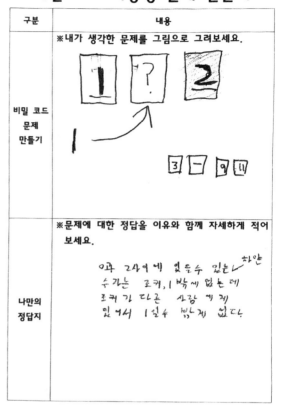

구분	내용
비밀 코드 문제 만들기	※내가 생각한 문제를 그림으로 그려보세요.
나만의 정답지	※문제에 대한 정답을 이유와 함께 자세하게 적어 보세요. 1과 2사이에 있을수 있는 하얀 수가는 3커,1밖에 없는데 3커가 다른 사람 거게 있어서 1일수 밖에 없다

● 활동지

✪ 활동 Tip

❶ 문제 만들기는 고차원적 사고를 요구하기 때문에 많은 학생들이 어려워할 수 있다. 따라서 학생들에게 무작정 문제를 만들어 보라고 하기보다는 처음에는 위에서 제시한 방법과 같이 게임을 하면서 나오는 상황을 기록하게 하는 것이 좋다. 게임을 반복하면서 문제를 만드는 방법을 탐구하고 최종적으로 문제 만들면 처음 해 보는 학생들도 어렵지 않게 문제를 만들 수 있다.

❷ 학생들의 수준을 고려하여 학급 상황에 따라 팀을 구성하여 문제를 만들고 교환하여 풀게 해도 좋다.

💡 생생 수업 속으로

문제 만들기 수업을 할 때 가장 많이 나타나는 문제점은 문제 자체의 오류이다. 그래서 검증 과정이 반드시 필요하다. 하지만 문제를 검증하기 위해서는 실제로 문제를 풀기 전에 공개해야 하는 단점이 있다. 이를 해결하기 위해 처음에는 학생들이 낸 문제를 사진을 찍어서 화면을 통해서 공유했다. 그렇게 여러

번 반복하다 보니 학생들이 낸 문제의 오류도 적어졌고 다른 친구들이 낸 문제를 보면서 문제를 만드는 방법을 참고할 수도 있었다. 이렇게 문제를 내는 방법을 지도했더니 개인별로 문제 만들기를 해도 원활하게 수업이 진행되었다. 이 활동을 할 때에는 전체 수업의 목표에 따라 문제를 해결하는 과정 속에서 가능성에 대한 생각을 지속적으로 할 수 있도록 교사의 반복적인 안내가 필요하다.

활동 3 | 비밀 코드 평균 게임

🎵 활동 방법

❶ 평균의 의미를 알아본다.

🗨 "여러 가지 자료의 전체 합을 자료의 개수로 나눈 값을 평균이라고 합니다. 그렇다면 다빈치코드에서 5개의 타일이 각각 1, 2, 4, 5, 8일 때 타일의 평균은 어떻게 구할 수 있을까요?"

🗨 "1+2+4+5+8=20이니까 20을 5로 나누면 4입니다."

❷ 평균의 특징을 활용하여 비밀 코드 평균 게임을 진행한다.

🗨 "지금부터는 비밀 코드 평균 게임을 해 보겠습니다. 이 게임은 숫자 타일을 조합해서 자신이 생각한 평균값에 가깝게 만드는 게임이에요. 다음 규칙에 따라 게임을 해 봅시다."

1. 모둠(2명~4명)을 구성한다.
2. 모둠별로 다빈치코드 숫자 타일 24조각을 준비한다.
3. 경기 시작 전 순서를 정하고 첫 번째 플레이어가 2~9 사이의 숫자 중 하나를 목표 평균값으로 정한다.
4. 타일을 바닥에 뒤집어 놓고 색깔과 관계없이 무작위로 한 사람당 5개씩 타일을 가져간다. 이때 가져온 타일은 다빈치코드처럼 순서대로 놓지 않아도 무관하다.
5. 목표 평균값에 가장 가깝게 만들기 위해 자신의 타일 중 필요 없는 타일을 숫자가 보이지 않게 바닥에 내려놓고 바닥의 타일 중 하나를 가져온다.
6. 기회는 총 3번이며, 마지막 세 번째에는 바닥이 아닌 오른쪽에 앉아 있는 플레이어의 타일 중 하나를 선택해서 자신의 타일과 바꾼다.
7. 3번째 타일을 바꾼 이후에 각자 평균을 구하고 목표 평균값에 가장 가깝게 만든 사람이 승리한다.

✪ 활동 Tip

❶ 타일 한 조각 한 조각을 자료로 생각하고 자료의 전체 합과 자료의 개수의 개념을 다양한 예시를 통해 안내해야 혼란을 최소화할 수 있다.

❷ 타일을 바꿀 때는 자신의 타일이 노출되지 않도록 뒤집어서 가운데에 내려놓고 가져올 수 있게 한다.

❸ 버리는 타일을 선택할 때는 자신이 가지고 있는 타일의 전체 합과, 평균에 5를 곱한 값을 비교하면 도움이 된다. 전체 합이 평균에 5를 곱한 값보다 크면 자신의 타일 중 가장 큰 수를, 전체 합이 평균에 5를 곱한 값보다 작으면 가장 작은 수를 버릴 수 있도록 유도한다.

● 비밀 코드 평균 게임

💡 생생 수업 속으로

비밀 코드 평균 게임은 기존 다빈치코드 게임과는 완전히 다른 새로운 형태의 게임이다. 그렇기 때문에 아이들이 다소 혼란스러워할 수도 있다. 따라서 활동을 시작하기 전에 예시 상황을 충분히 설명하고 시작하는 것이 좋다.

이번 활동의 가장 중요한 목적은 자료 전체의 합을 구하고 그 합을 자료의 개수로 나누는 경험을 통해 다양한 자료의 평균을 구하는 것이다. 한 사람당 가져가는 타일의 개수를 5개로 한 이유는 평균값이 나누어 떨어지도록 하기 위함이며 이 과정에서 몫이 소수가 나올 가능성이 크다. 하지만 자연스럽게 몫이 소수인 자연수의 나눗셈을 학습할 수 있고 목표 평균값과 가장 가까운 평균을 구하기 위해 소수의 크기를 비교하는 학습도 할 수 있다.

Ⅳ. 다빈치코드로 수업 응용하기

1 사회

다빈치코드는 교과에 상관없이 12가지의 순서가 있는 내용에 활용할 수 있다. 특히 사회 수업에서는 사건의 발생 시기나 연도에 관한 내용을 다룰 때 활용하면 좋다. 대표적인 것이 우리나라 역사에 나오는 나라들의 건국 시기이다. 여기에 현대의 정부 수립 일까지 더해 게임을 구성하면 고조선 건국부터 대한민국 정부 수립까지의 역사적 흐름을 게임을 통해 자연스럽게 익힐 수 있다. 게임 규칙 중 다음 내용만 변형하고, 나머지는 정규 규칙으로 진행한다.

❶ 붙임쪽지나 종이 위에 시기별 나라 이름을 적고 이를 다빈치코드 타일 위에 붙인다. 게임은 숫자가 아닌 나라 이름을 사용하여 진행한다.

❷ 내용을 어려워하는 학생들을 위해 가운데에 출력물을 놓고 참고하며 게임을 하게 한다. 이 과정에서 자연스럽게 학습이 이루어진다.

❸ 위만 조선이나 초기 국가(부여, 고구려, 옥저, 동예, 삼한 등)와 같은 나라들도 있지만 현재 교육 과정에서 다루는 나라들을 중심으로 게임을 구성하고, 학급의 학습 수준이나 학습 시기 등을 고려하여 12가지 내용을 알맞게 적용할 수 있다.

고조선 (기원전 2333년)	백제 (기원전 18년)	고구려 (기원전 37년)	신라 (기원전 57년)	가야 (42년)	통일 신라 (676년)
발해 (698년)	고려 (918년)	조선 (1392년)	대한 제국 (1897년)	대한민국 임시 정부 수립 (1919년)	대한민국 정부 수립 (1948년)

2 수학

다빈치코드를 수학 교과 내의 다양한 주제에 손쉽게 활용할 수 있다. 이 책에서 '자료와 가능성' 영역에 다빈치코드를 활용하였듯이, 단위 분수의 크기 비교, 분모가 같은 분수의 크기 비교, 소수의 크기 비교, 비와 비율 등 '수와 연산' 영역에서 크기가 다른 수의 관계를 파악하는 데에도 활용할 수 있다. 이 밖에도 길이, 무게, 넓이, 시간 등을 다루는 '측정' 영역에서 단명수와 복명수의 관계를 활용하여 크기 순서대로 나열하는 방법으로 학습할 수 있다. 이때에는 숫자 타일을 학습 주제에 맞게 변형해서 준비하고 나머지는 정규 규칙대로 진행한다.

$$1 \qquad \frac{1}{2} \qquad \frac{1}{3} \qquad \frac{1}{4} \qquad \frac{1}{5} \qquad \frac{1}{6}$$

$$\frac{1}{7} \qquad \frac{1}{8} \qquad \frac{1}{9} \qquad \frac{1}{10} \qquad \frac{1}{11} \qquad 0$$

● 단위 분수의 크기 비교 활용 예시

보드게임을 활용한 수업의 장점이 아이들이 의식하지 않고 즐겁게 게임을 하는 과정에서 교사가 추구하는 학습 요소가 아이들에게 자연스럽게 녹아든다는 것인데요, 다빈치코드가 수학의 가능성 수업과 연결될 때 이 장점이 가장 잘 살아나는 것 같아요. 해당 단원을 수업할 때 꼭 한번 해 보세요.

다빈치코드는 학교마다 많이 보유하고 있는 유명한 보드게임이죠. 특히 이 책에서 소개한 수업은 사회 교과 역사 시간에 활용할 수 있으니 많은 선생님들께서 참고해서 수업하시면 좋을 것 같아요.

다빈치코드는 많은 사람들이 즐겨하는 보드게임이죠. 수학 교과와 관련해서 가능성을 추리하는 수업이 굉장히 재밌었어요. 하지만 이러한 특수성 때문에 수학 교과 이외의 교과에서는 범용성 있게 적용하기 어려운 점도 사실이에요. 하지만 '수'라는 한계에 갇히지 않고 추리를 하고 이를 실행하는 과정에서 자신의 주장과 근거를 일목요연하게 이야기해 보는 것은 국어 교과와 관련해서 도움이 될 거라고 생각해요.

모두 좋은 의견이네요. 다빈치코드가 가지고 있는 가장 큰 장점이 타 교과에서는 활용하기 어려운 단점이 되기도 했어요. 하지만 조금만 다르게 생각해 보면 흐름이 있거나 순서가 있는 주제라면 재미있게 활용할 수 있겠다는 생각이 들어요. 영어의 알파벳도 한 예시가 될 수 있겠죠.

저도 같은 생각이에요. 역사에서 사건의 순서를 다루거나 수학에서 분수의 크기를 비교할 때 등 다양하게 활용할 수 있을 것 같아요. 이 책을 보시는 선생님들께서도 다양한 아이디어를 가지고 계실 거라 생각해요. 이러한 무한한 확장이 바로 보드게임을 수업에 적용하는 재미이니 모두 적극적으로 활용해 보시면 좋겠네요.

부루마불 사회 수업

I. 부루마불과 친해지기

1 게임 소개

　　보드게임을 잘 모르는 사람도 이름은 들어 봤을 국민 게임 부루마불. 부루마불은 게임 화폐를 나누어 갖고 주사위를 굴려 말이 도착한 곳의 땅을 사고 건물을 짓는 재산 증식형 보드게임이다. 게임 인원은 2~4명으로 90분 정도가 소요되며, 게임판, 게임용 말(비행기) 4개, 주사위 2개, 씨앗 카드 29장, 황금 열쇠 28장, 게임용 지폐(50만 원권, 10만 원권, 5만 원권, 2만 원권, 1만 원권, 5천 원권, 1천 원권), 건물(호텔, 빌딩, 별장), 게임 설명서로 구성되어 있다. 부루마불은 게임 규칙이 간단해 남 녀노소 누구나 즐길 수 있고, 세계 여러 나라와 도시를 살필 수 있으며, 화폐를 사용하며 경제 활동을 간접적으로 체험할 수 있는 장점이 있다.

2 게임 방법

▶ 게임 준비

　　말판을 펴서 가운데 놓고 둘러앉는다. 황금 열쇠를 섞어 말판 위에 엎어 놓고 말을 출발지에 놓는다. 은행에서 플레이어 수에 따라 정해진 금액을 받는다.

◐ 게임 진행

〈전반전〉

❶ 선을 정하고 시계 방향으로 진행한다. 자신의 순서가 되면 주사위 2개를 같이 던져서 나온 숫자의 합만큼 이동한다. 도착한 곳이 도시 칸일 경우, 말판에 쓰인 금액만큼의 돈을 은행에 지불하고 씨앗 증서를 구매할 수 있다. 황금 열쇠 칸에 도착한 경우, 카드 더미의 맨 위에 있는 카드를 가져와 카드에 적힌 지시 사항을 따르고 해당 카드를 카드 더미의 가장 밑으로 돌려 놓는다. 2개의 주사위 숫자가 같은 수로 나오는 경우, 한 번 더 주사위를 던져 이동한다.

❷ 한 바퀴를 돌아 출발지를 지나갈 때에는 은행에서 20만 원의 월급을 받는다.

❸ 씨앗 증서가 6장 남았을 때에는 플레이어끼리 합의하여 각 증서를 경매한 후, 희망자가 은행에 돈을 지불하여 구매한다. 한 증서에 희망자가 여럿일 경우 주사위를 굴려 높은 숫자가 나온 사람에게 우선권을 준다.

❹ 우주여행 칸에 도착하면 컬럼비아호 증서를 가진 사람에게 통행료 20만 원을 지불한다. 주인이 없을 경우 무료로 탑승한다. 다음 번 자기 차례가 오면 주사위를 던질 필요 없이 원하는 곳으로 갈 수 있으며, 출발지를 지나갈 경우에는 월급을 받는다. 우주여행에서 우주여행으로 이동할 수는 없다.

❺ 무인도에 도착하면 3회 동안 갇혀 있게 된다. 자신의 차례에 주사위를 던져 더블이 나오면 탈출할 수 있다. 더블 이후 주사위를 한 번 더 던져서 나온 수만큼 이동한다.

❻ 사회 복지 기금 칸에 도착하면 15만 원을 사회 복지 기금 접수처에 기부한다. 돈은 누군가가 가져가기 전까지 누적되며 사회 복지 기금 접수처에 도착한 플레이어가 모인 기금을 가져간다.

〈후반전〉

❶ 자기가 갖고 있는 증서에 적힌 금액대로 돈을 은행에 지불하고 별장이나 빌딩, 호텔을 짓는다.

❷ 다른 플레이어가 자기가 소유한 대지에 멈추면, 씨앗 증서 뒷면 통행 요금표에 적힌 대로 돈을 받는다. 건물이 없을 경우에는 대지료만 받는다. 한 도시에 별장은 2개, 빌딩과 호텔은 1개씩만 지을 수 있다.

❸ 자기 순서가 되었을 때 자신이 가지고 있는 증서의 대지에 건물을 추가로 짓거나 팔 수 있다. 건물을 은행에 팔 경우 구매 당시 지불한 금액을 은행에서 받을 수 있다. 증서를 다른 사람에게 인계할 경우 차액이 발생하더라도 상대방에게 받을 수 없다.

❹ 대출은 은행에서 돈을 빌리는 방법으로, 게임 중 단 한 번만 가능하며 반드시 다른 플레이어의 동의를 얻어야 한다. 대출 금액은 최대 백만 원까지로 자신이 있는 곳을 기준으로 3회전을 돌아갈 동안 분할 · 또는 한 번에 상환해야 한다. 상환을 못 할 경우 파산한다.

✪ 추가 규칙

❶ 끝맺음 조건(시간, 1인 파산 등)을 정하여 게임 종료 시 가장 많은 재산을 모은 사람이 승리한다.

❷ 전반전 변형 규칙으로 은행에서 100만 원을 추가로 받은 뒤 순서대로 씨앗 증서를 1장씩 구입하게 할 수 있다. 이때 서울 씨앗 증서는 맨 마지막에 경매를 통해 구입한다.

✪ 게임 TIP

❶ 상대방의 말이 자기가 소유한 대지에 가까이 오면 재빨리 다른 곳의 건물을 팔아 그 앞쪽에 건물을 짓는다.

❷ 후반전에는 무인도에 갇혀 있는 것이 유리할 수도 있다.

❸ 은행장을 따로 두어 게임을 진행할 수 있다.

II. 부루마불로 수업 꾸리기

① 수업 개관

이 수업은 초등학교 고학년 사회 수업으로 세계에 존재하는 나라들의 국기, 이름, 속해 있는 대륙, 위치, 특징 등을 학습하는 데에 그 목적이 있다. 대륙별 주요 나라의 위치와 영토의 특징 알아보기라는 주제로 기본 및 심화 수업을 구성하였다. 기본 수업은 부루마불에 나와 있는 나라들을 살펴보고, 보드게임을 하는 방법과 규칙을 익힌 뒤 실제로 보드게임을 해 보는 활동으로 구성한다. 심화 수업은 보드게임을 해서 모은 나라 카드(씨앗 증서)를 바탕으로 세계 여행을 계획하고 이를 발표한 다음 이 과정에서 알게된 점과 느낀 점을 공유할 수 있게 구성한다.

② 수업 핵심 내용

- 세계 주요 나라 또는 도시의 특징을 알 수 있다.
- 다양한 자료를 활용하여 나라 또는 도시의 특징을 조사, 발표할 수 있다.
- 조사, 발표를 하면서 느낀 점, 알게 된 점 등을 서로 이야기할 수 있다.

③ 수업 한눈에 보기

주제		부루마불로 세계 여행!
기본	1~3차시 주사위로 세계 여행	→ 1 세계 여러 나라와 친해지기 2 부루마불 게임 방법 알아보기 3 부루마불 게임 하기
심화	4~6차시 나만의 세계 여행	→ 1 나라와 대륙 연결하기 2 나만의 여행 계획 세우기 3 여행 계획 발표하기

III. 부루마불로 수업하기

1 기본 수업 - 주사위로 세계 여행

✏️ 활동 개관

　　1~3차시에 걸친 기본 수업의 소주제는 '주사위로 세계 여행'이다. 이 수업은 부루마불 보드게임의 구성품과 규칙을 알아보고 실제 보드게임을 수행하며 나라와 도시를 살펴보는 데 그 초점이 있다. 활동 1에서는 부루마불 보드판을 펼쳐 게임에 나오는 도시와 나라를 살펴보고 그 도시, 나라와 관련된 경험을 공유한다. 활동 2에서는 보드게임을 하는 방법을 유튜브 영상으로 알아보고, 규칙을 숙지한다. 활동 3에서는 부루마불 보드게임을 하면서 보드게임에 나와 있는 나라와 도시에 대해서 알아본다.

활동 1 | 세계 여러 나라와 친해지기

🎵 활동 방법

❶ 게임판을 펼쳐 세계 여러 나라와 도시, 국기를 살펴본다.

　　😀 "게임판을 펼쳐서 세계의 여러 나라와 도시의 이름, 국기를 살펴볼까요?"

❷ 게임판에서 살펴본 나라, 도시에 대한 문제를 푼다.

　　😀 "게임판에는 몇 개의 나라가 있을까요?"

　　😊 "미국이 두 번 나와 있기 때문에 총 23개입니다."

　　😀 "수도가 아닌 도시가 나온 나라는 어디입니까?"

　　😊 "브라질과 터키입니다."

❸ 살펴본 나라에 대해 떠오르는 것과 그와 관련한 생각을 나눈다.

　　😀 "'중국' 하면 어떤 것이 떠오르나요? 그 이유는 무엇인가요?"

　　😊 "만리장성이 생각납니다. 가족과 함께 여행을 가 보았기 때문입니다."

　　😀 "'이집트' 하면 어떤 것이 떠오르나요? 그 이유는 무엇인가요?"

　　😊 "피라미드가 생각납니다. 영화에서 보았던 기억이 납니다."

　　😀 "'캐나다'의 국기에는 어떤 그림이 그려져 있나요? 그 이유는 무엇일까요?"

　　😊 "단풍잎이 그려져 있습니다. 그 나라에 단풍나무가 많기 때문인 것 같습니다."

　　😊 "나는 '이 나라' 하면 이런 것이 떠오른다.'를 이유와 함께 발표해 볼 친구 있나요?"

😀 "저는 아르헨티나 하면 축구 선수 메시가 생각납니다. 그 이유는 메시가 아르헨티나 출신이기 때문입니다."

④ 모둠별로 살펴본 나라에 대해 생각나는 것을 공유한다.

😀 "각 모둠별로 게임판에 나온 도시, 나라를 살펴보며 생각나는 것에 대해서 친구들과 이야기를 나누어 봅시다."

😀 "발표를 할 때에는 친구들이 어떤 나라인지 알기 쉽도록 게임판에 있는 도시를 손가락으로 짚으며 발표해 주세요."

✪ 활동 Tip

❶ 지구본(사회과 부도 부록)이나 『사회과 부도』의 세계 지도를 함께 활용하는 것이 좋다.

❷ 나라, 도시, 국기를 살펴볼 때 씨앗 증서를 활용할 수도 있다.

👆 생생 수업 속으로

　이 활동은 본격적인 게임을 하기 전에 보드게임 구성품과 친해지기 위한 활동이다. 처음 부루마불을 접한 학생들에게는 게임판, 씨앗 증서, 게임 화폐, 주사위, 말을 직접 만져 보며 어떻게 하는 게임일지 생각해 보게 하였다.

　게임판에 나라가 적힌 순서는 게임이 만들어진 당시의 GNP 순서라는 것을 알려 주고 콩코드 여객기, 퀸엘리자베스호, 컬럼비아호는 현재는 사용하지 않으나 부루마불 보드게임이 만들어진 당시에는 가장 빠른 비행기, 초호화 여객선, 우주 왕복선이었다는 것을 알려 주니 학생들의 흥미와 관심이 높아졌다.

　씨앗 증서에 나와 있는 정보를 확인하고 읽으며 그 나라와 도시에 대해서 더 많은 것을 알 수 있으나 시간이 많이 소요되기 때문에 학생들이 자율적으로 읽을 수 있게 하였다.

이 활동을 할 때에는 전체를 대상으로 발표를 하기에 앞서 모둠별로 발표를 하는 것이 좋다. 전체보다는 모둠별로 발표를 할 때 다양하고 재미있는 이야기들이 많이 나오기 때문이다. 이것이 어려울 때에는 교사가 특징 있거나 재미있는 이야기를 기억해 두었다 학생들에게 들려주면 좋다. 이를 통해 학생들의 수업 참여도를 높일 수 있다.

활동 2 | 부루마불 게임 방법 알아보기

🎵 활동 방법

❶ 유튜브 영상 자료를 활용하여 부루마불 게임 방법을 익힌다.

● 플레이어별로 기본 자본금을 나누어 갖고 순서를 정하여 주사위 2개를 동시에 굴려 말을 이동한다. 2개의 주사위 눈이 같으면 한 번 더 할 수 있다.

● 도시 칸에 도착하면 씨앗 증서를 구입할 수 있다. 구입할 경우 말판에 쓰인 금액만큼의 돈을 은행에 지불하고 씨앗 증서를 받는다. 황금 열쇠 칸에 도착하면 황금 열쇠 1장을 가져오고 카드에 적힌 설명에 따른다.

● 씨앗 증서가 6장이 남으면 주사위를 멈추고 경매 방식으로 씨앗 증서를 가져간다. 구매 희망자가 1명일 때는 돈을 은행에 지불하고 씨앗 증서를 가져가고, 2명 이상일 때는 주사위를 굴려 높은 숫자가 나온 사람에게 우선권을 준다. 씨앗 증서를 모두 가져가면 전반전이 끝난다.

● 전반전과 같이 주사위를 굴려 이동한다. 다른 플레이어의 말이 자기가 소유한 대지에 멈추면 씨앗 증서 뒷면 통행 요금표에 적힌 대로 요금을 받는다. 건물이 없는 경우 대지료만 받는다. 상대방에게 지불할 통행 요금이 부족할 경우 씨앗 증서로 지불하거나 은행에서 대출이 가능하다.

● 자신의 차례를 마치기 전에 소유한 다른 도시에 건물을 건설하거나 건물을 매각할 수 있다. 건물을 팔 때는 건설할 때 지불한 비용을 은행에서 받는다.

● 게임 시작 전 종료 조건(시간, 1인 파산 등)을 협의하고 종료하였을 때 재산이 가장 많은 사람이 승리한다.

❷ 학생들이 어려워하는 부분을 중심으로 게임 규칙을 다시 설명하며 정리한다.

💬 "선생님이 몇 가지 규칙을 다시 설명해 줄 거예요. 잘 기억해 주세요."

- 전반전에서는 통행료를 지불하지 않는다.
- 주사위를 던져 더블이 나오면 도착한 곳에서 행동(씨앗 증서 구매, 황금 열쇠 보기 등)을 하고 한 번 더 주사위를 던져 이동할 수 있다. 이동한 뒤에도 씨앗 증서 구매, 황금 열쇠 보기를 할 수 있다.
- 황금 열쇠 중 '우대권', '무인도 탈출권'은 보관하고 있다가 자신이 사용하고 싶을 때 사용할 수 있다. '정기 종합 소득세', '방범비', '건물 수리비'는 후반전에 사용할 수 있다.
- 게임 종료 후 재산을 계산할 때는 가지고 있는 현금, 건물, 땅의 가격을 모두 더한다.

✪ 활동 Tip

❶ 유튜브 매뉴얼 영상을 활용하여 부루마불 게임 방법을 습득시키는 것이 시간 활용에 유용하다.

❷ 부루마불은 전반전과 후반전으로 나뉘므로 유튜브 영상을 전반전과 후반전으로 나누어 보여 주는 것이 효과적이다.

❸ 황금 열쇠와 특수 칸(무인도, 사회 복지 기금 접수처, 우주여행, 사회 복지 기금)은 실제로 찾아보며 설명해 주는 것이 학생들의 이해를 돕는다.

❹ 사전 설명이 길어지면 자칫 학생들이 흥미를 잃을 수 있다. 학급 전체적으로 절반 이상이 이해했다면 게임을 시작하고 게임 도중 설명을 추가한다.

❺ 부루마불을 미리 접해 본 학생들의 경우 변형된 규칙을 적용하는 경우가 많다. 수업에서는 정규 규칙으로 게임을 진행한다.

❻ 수업 외 여가 시간에 게임을 즐길 때에는 시작 전 구성원 모두의 동의를 얻어 변형된 규칙을 적용하도록 한다.

💡 생생 수업 속으로

수업 전에 부루마불을 접해 본 학생이 꽤 있었다. 그래서 수업 시간에 부루마불을 한다는 사실만으로 기뻐하는 학생들이 많았다. 그런데 문제는 정규 규칙으로 게임을 진행해 본 학생이 소수에 불과했다는 점이다. 정규 규칙을 설명하다 보면 "난 저렇게 안 했는데.", "처음부터 건물 지을 수 있는 것 아닌가?"라는 변형된 규칙에 대한 말이 들려온다. 수업 중에는 정규 규칙으로 게임을 진행한다는 것을 강조하며 영상을 통해 게임 규칙을 설명하였다.

황금 열쇠 중 플레이어들이 걸리지 않길 바라는 카드가 '반액 대매출'이다. 이 카드에 걸리면 자신이 가지고 있는 가장 비싼 씨앗 증서와 건물을 반값에 은행에 팔아야 한다. 이는 전반전, 후반전 모두 적용되며 반납 이후 플레이어가 그 도시에 도착하였을 때 씨앗 증서를 구입하거나(전반전, 후반전 모두) 건물을 건축할 수 있다(후반전에만)는 점을 '반액 대매출'에 걸렸을 때 한 번 더 설명해 주었다.

학생들이 어려워하는 규칙 중 하나가 돈이 부족하여 씨앗 증서를 인계할 때이다. 씨앗 증서를 인계할 때에는 지불해야 할 금액보다 씨앗 증서의 금액이 더 많아야 한다. 그리고 남은 금액은 돌려주지 않는다. 적절한 예시 상황을 들어 설명하니 학생들이 쉽게 이해했다.

활동 3 | 부루마불 게임 하기

🎵 활동 방법

❶ 모둠원과 함께 부루마불 〈전반전〉 게임을 시작한다.

🗨 "규칙을 지키며 부루마불 〈전반전〉 활동을 해 보세요."

❷ 모둠원과 함께 부루마불 〈후반전〉 게임을 시작한다.

🗨 "규칙을 지키며 부루마불 〈후반전〉 활동을 해 보세요."

🗨 "실제 부루마불에서는 가장 마지막에 남은 사람이 승리하지만, 오늘은 제한 시간 내에 가장 많은 재산을 획득한 사람이 승리하는 것으로 할게요."

✪ 활동 Tip

❶ 교사는 학생들이 어려워하는 규칙을 다시 안내하고 논쟁이 있을 때 중재자 역할을 한다.

❷ 소인수 학급에서 2명이서 게임을 할 경우 교사도 함께하여 3명이 함께 게임을 하도록 한다.

❸ 제한 시간 전 파산을 하는 경우 남아 있는 플레이어 중 한 명을 돕는 역할, 은행장의 역할 등을 수행하게 한다.

❹ 수업 진행 시 시간이 부족하다고 판단될 경우에는 설명서에 나와 있는 전반전 변형 규칙을 적용한다. 변형 규칙으로 게임을 할 경우 플레이어에게 초기 자금으로 100만 원씩을 추가로 지급하고 플레이어는 플레이 순서대로 씨앗 증서를 1장씩 선택하여 구입할 수 있다. 이때 서울 증서는 맨 마지막에 구매할 수 있으며 주사위를 굴려 가장 높은 숫자가 나온 플레이어가 가진다.

💡 생생 수업 속으로

전반전 활동보다는 후반전 활동에서 학생들의 질문이 많았다. 학생들의 활동을 관찰하면서 어려움을 겪는 모둠에 추가 설명을 해 주거나 중재하는 역할을 하며 학생들을 도와주었다. 5명이 1개 모둠이 될 경우 2명, 3명으로 나누어 게임을 진행하게 할 수도 있으나, 2명이서 게임을 할 경우 게임의 재미와 활동의 역동성이 떨어진다. 플레이어가 5명일 때는 4명은 플레이어가 되고 1명은 은행장이 되어 게임을 진행하게 하였다. 은행장은 기본 자금 나누기, 씨앗 증서 판매, 건물 판매, 월급 주기 등을 역할을 하며 교사 대신 모둠의 게임 중재자 역할을 하였다.

② 심화 수업 - 나만의 세계 여행

✏️ 활동 개관

4~6차시에 걸친 심화 수업의 소주제는 '나만의 세계 여행'이다. 이 수업은 부루마불에 나와 있는 씨앗 증서로 나만의 세계 여행 계획을 세우고 발표하는 것에 그 초점이 있다. 활동 1에서는 나라와 대륙 연결 하기 활동을 통해 부루마불 보드게임에 나와 있는 나라가 어떤 대륙에 속하는지 알아본다. 활동 2에서는 부루마불 전반전을 실시하여 씨앗 증서를 모은 뒤 그것을 바탕으로 나만의 여행 계획을 세운다. 활동 3 에서는 자신이 작성한 여행 계획을 발표하고 수업을 통해 알게 된 점, 느낀 점을 공유하며 수업을 마무리 한다.

활동 1 │ 나라와 대륙 연결하기

🎵 활동 방법

❶ 모둠원과 상의하여 씨앗 증서를 대륙별로 분류한다.

   💬 "모둠원과 상의하여 씨앗 증서를 대륙별로 분류해 보세요."

❷ 모둠에서 분류한 씨앗 증서가 대륙별로 올바르게 분류되었는지 점검한다.

   💬 "선생님이 나라를 하나씩 보여 주면서 어느 대륙에 속한 나라인지 알려 줄게요. 모둠원과 함께 씨앗 증서를 보며 잘못 분류된 것이 있으면 맞게 분류해 보세요. 프랑스는 어느 대륙에 속한 나 라일까요?"

   💬 "프랑스는 유럽에 속해요."

   💬 "베이징은 어떤 나라의 도시일까요? 그리고 그 나라는 어느 대륙에 속하는지 말해 보세요."

   💬 "베이징은 중국에 있는 도시예요. 중국은 우리나라와 마찬가지로 아시아에 속해요."

✪ 활동 Tip

❶ 씨앗 증서를 분류할 때 지구본, 세계 지도를 이용하여 가지고 있는 씨앗 증서의 나라가 어느 대륙에 속하는지 직접 찾아보게 한다.

❷ 학생들이 활동을 어려워하는 경우 위도나 경도를 이용하여 위치에 대한 힌트를 준다. 면적이 크다거나 학생들이 잘 알고 있는 나라 등으로도 힌트를 제시할 수 있다.

❸ 씨앗 증서를 대륙별로 분류하는 활동이 끝나면 특정 대륙에 속한 나라를 추가로 발표하게 하여 배움을 확장한다.

✪ 생생 수업 속으로

이 활동은 보드게임이 놀이에서 끝나지 않고 배운 것을 확인하고 확장하는 데로 나아가게 한 것이다. 씨앗 증서를 분류할 때 지구본, 『사회과 부도』를 이용하여 씨앗 증서의 나라를 직접 찾아보고 확인하게 하였다.

터키는 많은 학생들이 헷갈려 하는 나라 중 하나이다. 왜냐하면 터키의 97%는 아시아, 3%는 유럽에 속해 있기 때문이다. 그래서 터키는 지리적으로 아시아에 속한 나라이지만 역사, 문화적으로 유럽의 영향을 많이 받았다고 설명해 주었다.

대륙에 따라 나라를 분류할 때 나라에 대한 배경지식이 많은 학생은 활동에 주도적으로 참여하는 데 비해 나라에 대한 배경지식이 부족한 학생은 활동에 참여하지 않는 경우가 있었다. 지구본, 『사회과 부도』의 세계 지도를 살펴보며 씨앗 증서를 1장씩 돌아가며 분류하도록 안내하니 모두가 활동에 적극적으로 참여하였다.

활동 2 | 나만의 여행 계획 세우기

🎵 활동 방법

❶ 부루마불 〈전반전〉 게임을 한다.

　　💬 "자신의 여행 계획을 세우기 위해 구매해야 할 씨앗 증서를 생각해 보세요."

　　💬 "여행 계획을 세우기 위한 부루마불 〈전반전〉 활동을 해 보세요."

❷ 친구들과 씨앗 증서를 교환한다.

　　💬 "자신과 친구 모두가 희망할 경우 씨앗 증서를 교환할 수 있어요. 게임을 했을 때 순서대로 돌아가
　　　며 증서를 교환해 보세요. 자신의 순서가 되었을 때 증서를 교환하기 싫으면 '패스' 할 수 있어요."

❸ 자신이 모은 씨앗 증서를 이용하여 여행 계획을 세운다.

　　💬 "자신이 모은 씨앗 증서 중 4장을 이용하여 여행 계획을 세워 볼게요. 여행 가고자 하는 나라의
　　　기본적인 정보, 먹고 싶은 음식, 가고 싶은 장소 등이 나타날 수 있도록 계획을 작성해 보세요."

⭐ 활동 Tip

❶ 씨앗 증서 교환은 물물교환의 형태로 실시하며 학생별로 1번씩 교환 또는 패스를 마치면 한 라운드가
　종료됨을 안내한다. 모둠 인원에 따라 총 2~3라운드로 제한을 둔다.

❷ 대한민국에서 출발해서 자신이 가고 싶은 나라를 순서대로 여행하고 대한민국으로 돌아온다는 설정
　에 따라 여행 계획을 세우도록 안내한다.

❸ 게임 활동에 많은 시간을 할애하는 수업을 계획한다면 부루마불 〈전반전〉을 정규 규칙대로 진행해도
　좋다. 하지만 게임 활동보다 조사 활동에 비중을 두고 수업하고자 한다면 설명서에 나와 있는 〈전반

전) 변형 규칙을 적용할 것을 추천한다.

🔦 생생 수업 속으로

부루마불 〈전반전〉을 하고 나면 한 플레이어당 씨앗 증서를 5~8장 정도 가지게 된다. 나라가 아닌 씨앗 증서도 있기 때문에 자신이 모은 씨앗 증서 중 최소 4장으로 여행 계획을 세우게 하는 것이 좋았다.

물물교환을 할 때 자신에게는 필요 없지만 친구에게는 필요한 씨앗 증서가 생기는 경우가 있다. 이때 친구를 배려하여 기꺼이 물물교환을 해 주는 학생이 있는 반면 자신만의 여행 계획을 위해 끝까지 교환해 주지 않는 학생도 있었다. 경쟁보다는 함께 협력하여 모두가 더 좋은 여행 계획을 세울 수 있도록 안내하여 서로 도움이 되게 하였다.

〈전반전〉 활동 중에 자신이 원하는 씨앗 증서를 확보하지 못했거나 자신에게 낯선 나라의 씨앗 카드만 얻어 여행 계획을 제대로 세우지 못하는 학생들이 있었다. 그럴 경우 1칸은 자신이 꼭 여행해 보고 싶은 나라를 적어서 여행 계획을 세울 수 있게 하였다.

학교에 보유하고 있는 태블릿 pc나 학생의 스마트폰을 이용하여 여행 계획을 세우는 데 필요한 정보를 조사할 수 있는 시간을 주니 더 완성도 있는 여행 계획을 세울 수 있었다. 이때 태블릿 pc나 스마트폰을 사용할 수 있는 횟수나 이용 시간에 제한을 두고 정보를 조사하게 하는 것이 다음 활동을 진행하는 데 도움이 되었다.

활동 3 │ 여행 계획 발표하기

🎵 활동 방법

❶ 자신이 계획한 여행에 대해서 발표한다.

🗣 "모둠 내에서 자신이 계획한 여행에 대하여 발표해 보세요."

🗣 "모둠에서 하나의 여행 계획을 선정하여 발표해 볼게요."

❷ 느낀 점과 알게 된 점을 발표한다.

🗣 "오늘 수업을 하면서 느낀 점이나 알게 된 점에 대해서 말해 보세요."

🗣 게임을 통해 다양한 나라에 대해서 알아보니 좋았습니다.

🗣 대륙에 대해서 알게 되고 그 대륙에 속한 나라에 대해서도 알 수 있었습니다.

❸ 여행 계획을 게시하고 친구들의 계획서를 살펴본다.

🗣 "여러분이 만든 여행 계획서를 학급 게시판에 붙여 볼게요. 다른 친구들이 만든 계획서를 살펴보세요."

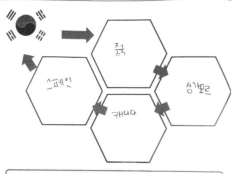

여행 계획서

나라의 정보, 가고 싶은 장소, 음식, 하고 싶은 것이 드러나게 계획을 세워 봅시다.

중국은 아시아대륙에 속해있으며 세계인구가 가장 많은 나라이다. 나는 중국에 가면 세계의 유산인 만리장성과 자금성과 자금성에 가보고 싶다. 음식은 베이징덕을 먹어보고 싶다. 싱가포르는 아시아에 있는 나라이다. 싱가포르는 싱가포르를 상징하는 멀라이언상이 있는 공원에 꼭 직접 가고 싶다. 캐나다는 북아메리카 대륙에 속해있고 국기에 단풍이 새겨짐 단풍이 유명하다고 한다. 캐나다에는 드라마 도깨비 촬영지 직접 가고 주인공이 먹었던 음식을 먹어보고 싶다.

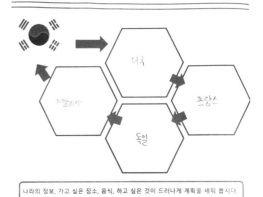

여행 계획서

나라의 정보, 가고 싶은 장소, 음식, 하고 싶은 것이 드러나게 계획을 세워 봅시다.

미국은 북아메리카가 대륙에 있는 나라이다. 어디께서도 디즈니랜드에 가서 많은 캐릭터들을 실제로 만나며 사진도 많이 찍고 우리나라에는 없는 놀이기구도 타며 즐겁게 놀고 싶다. 프랑스, 독일, 이탈리아는 유럽에게 최곤 나라이다. 프랑스에서는 에펠탑을 보겠고 마카롱, 빵과 같은 디저트 음식을 많이 먹고 싶다. 독일에서는 베를린 장벽에서 가서 둘러보고 사진을 찍고 싶다. 이탈리아에서는 콜로세움, 피사의 사탑을 직접 방문 하고 싶고 진짜 이탈리아 사람이 만든 스파게티, 피자를 이탈리아에서 먹어보고 싶다. :)

✪ 활동 Tip

❶ 여행 계획을 듣는 사람은 친구의 발표가 끝나면 발표자에게 질문을 하며 궁금증을 해결하게 한다.

❷ 모둠 내 대표 여행 계획을 선정할 때는 이유나 근거를 함께 말하게 한다.

❸ 모둠 내 발표를 할 때 친구의 발표를 듣고 자신의 계획 중 수정이 필요한 경우 수정할 기회를 준다.

❹ 전체를 대상으로 발표할 때 교실에 있는 실물 화상기나 스마트 기기를 활용하여 전체 학생이 발표 자료(여행 계획서)를 보며 발표를 들을 수 있게 한다.

❺ 전체를 대상으로 발표할 수 있는 인원이 제한적이므로 사후 학습이 이루어지게끔 학급 게시판을 활용하여 지도한다. 붙임쪽지에 여행 계획에 대한 한 줄 평을 남겨 상호 평가 하게 한다.

💡 생생 수업 속으로

학생들의 활동을 살펴보면 "친한 친구가 계획을 세웠기 때문이다.", "다른 친구들이 좋다고 했기 때문이다." 등 명확한 근거 없이 사적인 감정에 따라 모둠 내 대표 여행 계획을 선정하는 경우가 있었다. 친구의 여행 계획서에 나와 있는 여행지에 대한 정보와 가고 싶은 장소, 그 나라의 음식 등을 살펴보고 그것을 근거로 모둠의 대표 계획을 선정할 수 있도록 하였다.

1 과학

과학 교과에서 부루마불을 변형한 게임인 매트마불을 할 수 있다. 매트마불은 학급 전체 학생이 학습 정리 퀴즈와 신체 활동 미션을 수행하며 가장 먼저 목적지에 도달하는 팀이 이기는 게임이다. 매트마불을 하는 데 필요한 준비물로는 퍼즐 매트 50장(5색), 도화지-미션 카드용 12개(블루 카드 6종류, 골드 카드 6종류), 대형 주사위, 카드 담는 통 2개, 퀴즈용 화면(파워포인트 등), 신체 활동 미션용 준비물(물이 1/3가량 채워진 500mL 페트병, 제기 1개, 공기 5개, 탁구공 1개, 종이컵 1개 등)이 있다.

❶ 매트 색깔별 속성을 확인한다. 파랑은 블루 카드 미션 해결, 핑크는 퀴즈 도전, 갈색은 주사위 미션, 노랑은 골드 카드 미션 해결, 회색은 이동 후 머무르기이다. 미션, 퀴즈는 성공 시에만 이동할 수 있고 실패할 때는 그 전 위치로 이동한다. 사용한 미션 카드는 카드별로 옆 공간에 두고 카드가 모두 소진되면 다시 섞어서 재사용한다.

❷ 팀별 순서를 정하고, 주사위를 차례대로 던지면서 퀴즈, 미션을 수행한다.

❸ 상대방에게 잡힌 팀은 출발점으로 되돌아간다.

❹ 결승점에 먼저 도착하는 팀이 승리한다.

퀴즈 준비

지구의 북극과 남극을 이은 가상의 직선을 지구의 ○○○ 이라고 한다.

✓ 푼 문제는 삭제되는 기능, 처음으로 되돌아가는 기능
✓ 교과서 및 지도서의 개념 부분을 참고하여 빈칸 채우기, OX문제 제작
✓ 교육사이트(아이스크림, 인디스쿨 등)의 과학 골든벨 문제 참고

블루 미션 예시

일심동체 주사위 미션! (모둠에서 정한 수만큼 주사위 던지기)	사회자와 가위바위보해서 이기기	탁구공 미션! (탁구공을 종이컵에 던져서 넣기)
세자리에서 제기차기 안 걸리고 2회하기	물병 던져서 세우기 (3번 기회)	공기 미션

✓ 최대한 쉽고, 공간을 적게 차지하고, 빠르게 끝낼 수 있는 미션으로 선정
✓ 국어사전, 공기, 비석치기, 양말벗기, 구구단, 주기율표 외우기 등을 이용한 미션을 생각할 수 있음.

골드 미션 예시

앞으로 3칸	꼴지 팀 칸으로 이동	원하는 상대와 자리 바꾸기
뒤로 3칸	주사위 한 번 더!	다음 턴 한 번 쉬기

② 영어

영어 교과에서 단원 학습을 정리할 때 부루마블을 활용할 수 있다. 게임판은 모든 단원에서 사용할 수 있도록 공통으로 만들어 두고 단원의 주요 단어와 표현을 이용하여 문제 카드를 만들어 활용한다.

❶ 문제 카드를 섞어 게임판의 가운데에 놓는다.

❷ 순서를 정하고 시계 방향으로 진행한다.

❸ 자신의 순서가 되면 주사위 1개를 굴려 이동한다.

❹ 이동한 곳에서 문제 카드 더미의 맨 위에 있는 카드 1장을 가져와 주요 단어 또는 주요 표현을 읽으면 게임판에 적힌 금액만큼의 돈을 은행에서 받는다. 문제를 해결하지 못하면 돈을 받지 못한다. 확인한 문제 카드는 카드 더미 옆에 뒤집어 놓는다.

❺ 문제 카드를 모두 사용했을 때에는 사용한 문제 카드를 섞어서 다시 사용한다.

❻ 사전에 게임 종료 시간을 정하여 게임을 마친다.

❼ 가장 많은 돈을 모은 사람이 승리한다.

💬 부루마불의 장점은 기본적으로 학생들이 룰을 알고 있다는 점입니다. 모두가 안다고 말하기는 어렵지만 40~50%의 학생이 규칙을 알고 게임에 참여한다는 것만으로도 큰 장점이지요.

💬 그런데 학생들이 정규 규칙은 잘 모른 채 친구들끼리 하며 익힌 경험적 규칙에 익숙해져 있어서 정규 규칙으로 게임을 진행하는 데 어려움을 겪었어요. 게임 시작 전에 모둠원끼리 규칙에 대해 합의한다면 변형 규칙을 적용하는 것도 좋다고 생각합니다.

💬 학생들끼리 합의한 규칙으로 게임을 해 보고 게임 종료 후 바뀐 규칙을 친구들에게 안내하며 규칙이 공정한지, 적용했을 때 문제가 없었는지 살펴본다면 민주 시민 교육과도 연결할 수 있겠네요.

💬 그런데 부루마불은 플레이 시간이 길다 보니 모둠별 진행 상황에 차이가 나는 경우가 많아요. 아이들이 게임을 즐겁게 마무리할 수 있도록 게임을 끝내는 조건에 대한 다양한 아이디어가 필요합니다.

💬 부루마불을 변형해서 교과 학습 내용으로 말판을 만들어서 모둠별 게임을 한 적이 있습니다. 학생들이 어떤 반응을 보일지 조금은 걱정이 되었는데 다행히도 대부분의 학생들이 잘 알고 있는 게임이라 그런지 정말 잘 참여하더라고요. 그리고 게임을 중간에 멈추고 다음에 진행하기로 했는데도 큰 불만이 없었어요. 학생들이 평소에 보드게임을 쉬는 시간, 점심시간에 하다가 수업이 시작되면 멈추고 나중에 다시 진행했던 경험을 가지고 있기 때문인 것 같습니다.

💬 게임 플레이 시간을 줄이기 위해서는 변형 규칙을 적용하거나 게임 시작 전에 학생들과 종료 조건을 정해야겠네요. 확실한 것은 부루마불이 게임판의 내용을 변형한다면 어떤 과목에나 활용할 수 있고 어떤 미션이든 수행할 수 있다는 점입니다. 참 범용성이 좋은 게임입니다.

도덕

너도나도파티

너도나도파티로 수업하기

Ⅰ. 너도나도파티와 친해지기

❶ 게임 소개

   너도나도파티는 주어지는 질문에 생각나는 단어 6개를 즉시 써내려 가고, 다른 플레이어와 동일한 단어를 쓰면 점수를 얻는 보드게임이다. 남들이 쓸 것 같은 단어를 쓰면서 자연스럽게 공감에 대해 생각할 수 있는 이 게임은, 플레이어마다 단어 노트 1장과 연필 1자루만 있으면 게임 준비가 완료되는 단순하지만 재미있는 게임이다. 게임 인원은 일반적으로 3~12명이며, 게임 소요 시간은 20분 정도이다. 하지만 더 많은 인원이 참여하는 것도 가능하며, 시간도 비교적 자유롭게 설정할 수 있어 교실에서 활용하기에 효율적이고 효과적인 게임이다. 또한 단순히 지식을 확인하는 것을 넘어서 열린 질문에 대해 다양한 답변을 생각해 볼 수 있다는 장점이 있다.

❷ 게임 방법

▶ 게임 준비

❶ 각자 단어 노트 1장과 연필 1자루를 가져간다.

❷ 단어 노트의 이름을 적는 칸에 각자 자기 이름 혹은 모둠명을 쓴다.

❸ 양면에 주제가 적혀 있는 질문 카드를 테이블 중앙에 쌓아 둔다.

❹ 게임을 시작하기 전, 단어가 달라도 의미가 같으면 점수로 인정되는 빨간색 질문 카드와 정확히 같은 단어를 써야 점수로 인정되는 초록색 질문 카드 중 어느 카드로 게임을 진행할지 정한다.

▶ 게임 진행

❶ 플레이어 중 1명을 진행자로 정한다. 진행자는 카드 더미 맨 위에 있는 카드 1장을 가져와서 카드 뒷면에 쓰인 질문을 크게 읽어 준다.

❷ 모든 플레이어는 질문을 듣고 생각나는 단어 6개를 다른 사람에게 보이지 않도록 쓴다. 쓰는 동안에

는 아무 말도 할 수 없으며, 모둠의 모든 플레이어가 단어를 다 쓸 때까지 기다린다.

❸ 모두가 썼다면, 진행자부터 자신이 쓴 단어를 1개씩 큰 소리로 발표한다. 다른 플레이어는 진행자가 말한 단어와 같은 단어를 썼다면 손을 들어 알려 준다.

❹ 손을 든 모든 플레이어는 손을 든 사람의 수만큼 점수를 얻는다. 이때 단어를 말한 사람도 포함하여 점수를 계산한다. 예를 들어, 단어를 말한 사람을 포함하여 5명이 손을 들었다면 5명 모두 5점씩 얻는다. 단, 자신이 말한 단어를 자기 혼자만 썼다면 1점이 아닌 0점이다.

❺ 모든 플레이어가 자신이 쓴 단어를 말하고 채점할 때까지 반복한다. 단, 이미 채점한 단어는 다시 읽지 않는다.

❻ 모든 단어에 대한 점수의 합을 계산하고, 각 플레이어는 자신의 점수를 발표한다.

❼ 모든 채점이 끝나면, 1라운드 진행자 왼쪽에 앉은 사람이 진행자가 되어 ❶부터 다시 시작하며 2라운드를 진행한다. 같은 방식으로 총 3라운드를 진행한다.

게임 종료

3라운드를 진행하고 나면, 1~3라운드의 누적 점수를 계산하여 최종 점수 칸에 쓴다. 최종 점수가 가장 높은 플레이어가 승리한다.

추가 규칙

❶ 1분 규칙
 – 모든 플레이어는 단어 6개를 1분 안에 써야 한다.
 – 1분이 지나면 더 이상 단어를 쓸 수 없고 바로 채점하기 단계를 진행한다.

❷ 스피드 규칙
 – 단어 6개를 가장 빨리 쓴 플레이어가 '완성'이라고 말한다.
 – 그 즉시 더 이상 단어를 쓸 수 없고 바로 채점하기 단계를 진행한다.

게임 TIP

❶ 지나치게 오래 생각하지 않고 빠른 시간 안에 생각나는 단어를 써내려 가는 것이 더 재미있다.

❷ 다른 사람이 쓸 것 같은 단어를 써야 점수를 획득할 수 있다.

II. 너도나도파티로 수업 꾸리기

1 수업 개관

이 수업은 초등학교 고학년 도덕 수업으로 타인을 이해하고 공감함으로써 배려심을 함양하는 것에 목적이 있다. 기본 수업은 너도나도파티에 대해 배우고, 직접 게임을 하는 단계이다. 보드게임을 하는 방법을 익히고 규칙에 따라 게임을 해 보는 활동으로 기본 수업을 구성한다. 심화 수업은 게임 안에 있는 질문들을 넘어서 교과와 관련된 질문을 만들고 이를 통해 게임을 직접 해 보는 단계이다. 이 과정에서 학습 내용을 익히는 동시에 서로를 이해하고 공감하는 경험을 갖는다. 너도나도파티를 통해 다른 사람들과 나의 생각이 다를 수 있다는 것을 즐겁게 받아들일 수 있을 것이다.

2 수업 핵심 내용

- 타인을 이해하고 존중하며 공감할 수 있다.
- 존중하는 삶의 중요성을 이해하고, 존중의 방법을 익혀 배려심을 함양한다.
- 공감과 경청의 방법을 익히고 바른 대화법을 실천할 수 있다.

3 수업 한눈에 보기

주제	너도나도파티로 이해하며 공감하기	
기본	1~2차시 너도나도파티 게임 하기	1 질문을 듣고 떠오르는 단어 발표하기 2 너도나도파티 게임 하기 3 너도나도파티로 이해·공감하기
심화	3~4차시 너도나도 '도덕' 하기	1 너도나도 '도덕' 만들기 2 너도나도 '도덕' 게임 하기 3 너도나도 '도덕'으로 학급 모두 이해·공감하기

III. 너도나도파티로 수업하기

1 기본 수업 - 너도나도파티 게임 하기

✏️ 활동 개관

　1~2차시에 걸친 기본 수업의 소주제는 '너도나도파티 게임 하기'이다. 이 수업은 너도나도파티 보드게임을 알아보고, 실행하며 게임을 즐기는 것에 그 초점이 있다. 활동 1에서는 너도나도파티의 핵심을 알 수 있도록 학생들에게 질문을 하고, 질문에 같은 답변을 쓴 친구들이 있는지 알아보는 활동을 한다. 활동 2에서는 너도나도파티를 하는 방법을 유튜브 영상으로 알아보고, 배운 규칙을 통해 게임을 직접 진행한다. 활동 3에서는 작성한 단어를 통해 이해와 공감을 하는 활동을 한다.

활동 1 | 질문을 듣고 떠오르는 단어 발표하기

🎵 활동 방법

❶ 교사는 너도나도파티에 있는 질문 카드를 이용하여 학생들에게 질문을 한다.

　🗨️ "초등학교 1학년이 일상생활에서 가장 많이 사용할 것 같은 단어는 무엇인가요?"

❷ 학생들은 질문을 듣고 생각나는 단어 1개를 노트(혹은 붙임쪽지)에 쓴다.

❸ 학생들이 쓴 단어와 그렇게 생각한 이유를 발표하게 한다.

　🗨️ "어떤 단어를 썼나요? 그리고 그 단어를 쓴 이유는 무엇인가요?"

　🗨️ "'선생님'이라고 썼어요. 1학년들은 선생님을 시도 때도 없이 부르거든요."

❹ 방금 발표한 학생과 같은 단어를 쓴 사람이 있다면 손을 들게 하고, 그렇게 쓴 이유를 물어본다.

　🗨️ "'선생님'이라고 쓴 사람 있으면 손을 들어 주세요. (한 명을 지목하며) '선생님'이라고 쓴 이유는 무엇인가요?"

　🗨️ "1학년 때는 선생님을 너무 좋아해서 계속 곁에 머물면서 선생님을 부르기 때문이에요."

❺ 각자 쓴 단어를 모두 발표하며 어떤 단어들이 나왔는지 공유한다.

　🗨️ "다른 단어를 쓴 사람도 발표를 해 볼까요?"

　🗨️ "'친구'라고 적었습니다. 1학년 때는 친구들을 학교에서 처음 만나 정말 좋아하니까요."

❻ 많이 나온 단어에 대해서 생각해 본다.

　🗨️ "어떤 단어가 많이 나왔나요? 그 이유가 무엇일까요?"

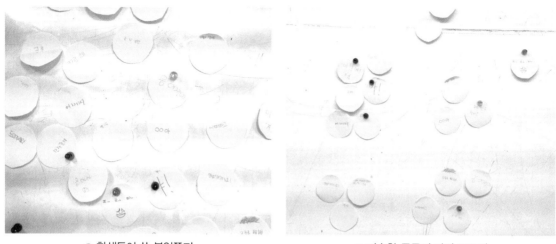

● 학생들이 쓴 붙임쪽지　　　　　　　　　　　　● 비슷한 종류의 단어 모으기

☆ 활동 Tip

❶ 반드시 너도나도파티 카드에 있는 질문만 할 필요는 없다. 다만, 보드게임 안에 있는 질문지 혹은 제시어 카드는 장기간의 테스트 플레이를 통해 나온 것으로 검증이 되어 있기에, 가능한 한 활용하는 편이 좋다.

❷ 학생들의 생활에 밀접한 질문을 하는 편이 좋다. 예를 들어, "출산 선물로 인기 있는 것은?"이라는 질문은 학생 입장에서 경험을 이끌어 내기 힘들다. 그것보다는 "어린이날 인기 있는 선물은?" 같은 질문이 학생들에게 하기 적합한 질문이다.

❸ 단어를 반드시 노트에 적을 필요는 없고, 붙임쪽지 등에 적어도 좋다. 오히려 붙임쪽지를 활용하면 칠판에 붙여 가면서 모두가 볼 수 있게 할 수 있다. 더불어 같은 단어를 한쪽으로 몰아 붙이는 활동을 통해 활용도를 높일 수 있다.

❹ 다른 친구가 쓴 단어에 대해 이해하고 존중하는 태도를 갖게 한다.

❺ 단어에 따라서 의미는 같지만 다르게 쓰인 경우가 있다. 예를 들어, '짜장면'과 '자장면'은 같은 단어이기 때문에 현재 단계에서는 같은 단어로 쓴 것으로 처리한다. 다만, 나중을 위해서 게임에 따라 정확히 같은 단어를 써야 하는 경우도 있다는 것을 언급해 준다.

☆ 생생 수업 속으로

이 활동은 '질문'을 통해 공감을 이끌어 내는 첫 단계이다. 단순히 질문과 답변을 주고받는 것에 그치는 것이 아니라, 같은 답변을 이끌어 내어 학생들이 서로에게 공감할 수 있게 하는 것이 중요하다. 이때 수업 연계를 위해 교사가 생각하는 질문을 제시해도 좋다. 예를 들어, 도덕 시간에 "학교에서 경험한 봉사 활동은?"이라는 질문을 제시할 수 있다. 이 활동에서 중요한 것은 학생들이 공감의 과정을 경험하는 것이다. 따라서 모두가 발표를 할 필요는 없지만, 서로 동일한 단어를 썼다는 것을 확인하는 과정은 반드시 필요하다. 첫 번째 활동은 시간이 지나치게 소요되지 않도록 한두 개의 질문으로 진행하는 것이 좋다.

활동 2 | 너도나도파티 게임 하기

🎵 활동 방법

❶ 유튜브 영상 자료를 활용하여 너도나도파티 게임 방법을 익힌다.

● 진행자는 질문 카드 1장을 가져와서 (혹은 선생님에게 받아서), 카드 뒷면에 있는 질문을 크게 읽는다.

● 모든 플레이어는 질문을 듣고 생각 나는 단어 6개를 다른 사람에게 보이 지 않도록 쓴다.

● 모두가 쓴 뒤에, 진행자부터 자신이 쓴 단어를 1개씩 크게 발표한다.

● 다른 플레이어는 진행자가 말한 단어와 같은 단어를 썼다면 손을 들어 알려 준다. 손을 든 모든 플레이어는 손을 든 사람 수만큼 점수를 얻는다. 이때, 단어를 말한 사람도 포함하여 점수를 계산한다.

● 진행자가 모두 말했다면, 왼쪽에 앉은 플레이어도 마찬가지로 자신이 쓴 단어를 발표한다. 모든 플레이어가 자신이 쓴 단어를 말하고 채점할 때까지 반복한다.

● 모든 단어에 대한 점수의 합을 계산하고, 각 플레이어는 자신의 점수를 발표한다. 같은 방식으로 3라운드를 진행한다.

❷ 학생들이 간과하기 쉬운 부분을 중심으로 게임 규칙을 다시 설명하며 정리한다.

　😊 "선생님이 몇 가지 중요한 규칙을 다시 설명해 줄 거예요. 잘 기억해 주세요."

– 질문이 제시되고, 단어를 쓰는 동안에는 아무 말도 할 수 없으며, 모둠 내 모든 플레이어가 단어를 다 쓸 때까지 기다린다.
– 점수를 계산할 때, 손을 든 모든 플레이어의 수만큼 점수를 얻는다. 이때, 단어를 말한 사람도 포함하여 계산한다.
– 다만, 자신이 말한 단어를 자기 혼자만 썼다면 1점이 아닌 0점이다.
– 진행자가 자신이 쓴 단어를 모두 말했다면, 왼쪽에 앉은 플레이어도 마찬가지로 자신이 쓴 단어를 발표한다. 단, 이미 채점한 단어는 다시 읽지 않는다.
– 모든 채점이 끝나면, 1라운드 진행자 왼쪽에 앉은 사람이 진행자가 되어 2라운드를 진행한다.

❸ 모둠별로 너도나도파티 게임을 한다.

❹ 라운드의 진행에 따라 질문 카드의 종류를 다르게 하여 게임을 진행한다. 예를 들어, 1라운드에는 빨간색 카드를 활용하고, 초록색 카드는 2, 3라운드에 활용한다. 혹은 1, 2라운드에 빨간색 카드를, 3라운드에 초록색 카드를 활용한다.

❺ 1라운드가 진행된 뒤에는 모둠마다 시작하게 되는 시점이 달라지므로 교사는 교실을 돌며 게임이 끝난 모둠은 다음 라운드를 진행하게 한다. 교사가 질문 카드를 나누어 주는 형태로 수업을 진행한다면 다음 라운드를 위한 질문 카드를 제공한다.

💬 "라운드가 끝난 모둠은 바로 다음 라운드를 진행하면 됩니다."
💬 "1라운드의 점수 채점까지 끝난 모둠은, 선생님을 불러 주세요. 새로운 문제 카드를 줄게요."

❻ 모든 모둠이 3라운드까지 게임을 마치면 점수를 계산한다.

✪ 활동 Tip

❶ 너도나도파티는 3명부터 12명까지 할 수 있는 게임이지만, 게임이 재미있게 느껴지는 최소 인원은 6명 이상이다. 그래서 6~10명 정도가 게임을 진행하는 것이 좋다. 일반 학급에서는 평소에 4~5명 정도를 한 모둠으로 하는 경우가 많은데, 그런 경우 두 모둠을 합쳐서 8~10명을 하나의 모둠으로 만들어 게임을 진행하는 것이 좋다. 사실 12명을 초과해서 더 많은 인원이 참여하여 게임을 할 수도 있지만 이 경우에는 게임이 원활하게 진행되기 어렵다. 다만, 특수한 상황에서 이벤트성으로 활용할 수 있기에 목적에 따라 참여 인원을 적절하게 조정한다.

❷ 게임을 할 때는 학생들 간 거리가 너무 멀면 진행이 어렵다. 따라서 8명으로 진행할 경우, 아래와 같은 형식으로, 4개의 책상을 붙이고 주변을 8명이 빙 둘러앉는 형태가 이상적이다.

❸ 점수 채점 방식에서 학생들이 헷갈려 할 만한 부분을 한 번 더 언급한다.

❹ 카드를 중앙에 두지 않고, 교사가 라운드마다 모둠당 1장씩 나누어 주는 방법으로 게임을 진행하는 것도 좋다. 이 방법은 교실 내 게임이 1개만 구비된 경우에 특히 추천한다.

❺ 처음에는 가능한 한 빨간색 질문 카드를 쓰는 것이 좋다.
   – 초록색 질문 카드는 정확히 같은 단어를 써야 점수를 받고, 빨간색 질문 카드는 의미가 같으면 점수로 인정되기 때문에 빨간색이 학생들에게 접근성이 더 좋다.

❻ 점수를 채점할 때, 진행자부터 적은 단어를 모두 말하는 것도 좋지만, 한 단어씩 돌아가며 말하게 하는 방법이 좋을 수도 있기에 상황에 따라 적절히 활용한다.

❼ 여러 모둠이 동일한 질문 카드로 게임을 할 경우, 게임 진행 속도가 모둠마다 달라서 다른 모둠에서 채점하며 말하는 것을 듣고 따라 쓰는 상황이 발생할 수 있다. 그렇기에 가능한 한 모둠별로 다른 질문 카드를 사용하도록 한다.

❽ 게임을 하다 보면 각 모둠마다 진행 속도가 다르기 때문에, 어떤 모둠이 2라운드를 하는 도중 이미 3라운드까지 끝낸 모둠이 있을 수도 있다. 그럴 경우에는 굳이 게임을 정리하게 하지 말고 4라운드, 5라운드까지 게임을 진행하다가 다른 모둠과 시간을 맞추어 끝내도록 하는 것이 좋다.

❾ 단어를 쓰는 데 어려움을 느끼는 학생이 있더라도 지나치게 오랜 시간 동안 기다리지 말고, 일정 시간을 정해 (앞으로 30초 등) 단어를 쓰는 데 세한 시간을 두는 것이 좋다.

❿ 게임 진행이 굉장히 느린 모둠이 있을 수도 있다. 시간을 적절히 안배하여 게임을 진행하게 하고 끝나기 5분 전에 게임 종료까지 남은 시간을 알려 주어 시간에 맞추어 게임을 종료하게 하는 것이 좋다.

🧑‍🏫 생생 수업 속으로

이 활동은 본 게임을 진행하는 단계로 기본 수업에서 가장 중요한 시간이다. 학생들이 게임을 하는 초반에만 교사가 돌아다니며 진행이나 규칙에 어려움을 겪는 부분을 해결해 주면 수업은 성공적으로 진행된다. 그 후에는 학생들이 모둠 내에서 힘을 모아 스스로 게임을 진행하는 모습을 볼 수 있다. 처음 게임을 설명할 때만 해도 아이들이 게임 구성물이 단순한 데다가 낯설기도 하여 이 게임이 재미있는 게임이 맞는 건가 하는 표정을 지었지만, 게임이 진행될수록 자신도 모르게 환호하고 즐거워하며 게임을 하였다. 게다가 작성한 단어를 바탕으로 서로를 이해하고 공감하는 경험을 하게 된다.

게임을 하다 보면 자연스럽게 다음으로 언급할 '활동 3'의 이해·공감 활동이 이루어지는 경우가 있다. 게임 내에서 서로 자신이 작성한 단어를 왜 썼는지 이야기 나누면서 이해와 공감을 할 경우, 지나치게 단계를 구분짓지 않고, 그 안의 의미에 빠져들게 하는 것도 좋다.

활동 3 | 너도나도파티로 이해·공감하기

❶ 모둠별로 진행한 너도나도파티에서 적은 노트를 모두가 잘 볼 수 있도록 책상 위에 둔다.

● 질문 카드와 적은 단어 노트

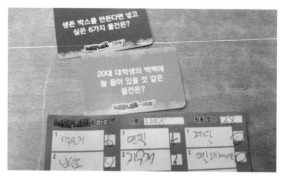

● 카드와 적은 단어 노트

❷ 라운드별로 어떤 질문이 나왔는지 다시 한번 살펴보며, 첫 번째 라운드의 문제에서 쓴 단어를 떠올린다.

　　"첫 라운드에 어떤 질문으로 단어 노트를 작성했는지 떠올려 보세요."

❸ 1명씩 돌아가며 첫 번째 라운드에 어떤 단어를 썼는지 다시 한번 읽으며, 왜 그것을 썼는지 그 이유도 말한다.

　　"서로 돌아가면서 자신이 쓴 단어를 말해 보세요. 그 단어를 쓴 이유도 말해 보세요."

❹ 모두가 돌아가며 말을 했다면, 두 번째 라운드, 세 번째 라운드(혹은 더 진행을 했다면 진행한 라운드까지)의 질문을 살펴보고 마찬가지로 돌아가며 자신이 쓴 단어와 그 이유를 말하고 활동을 마무리한다.

✪ 활동 Tip

❶ 같은 단어를 썼을 경우, 해당 단어를 쓴 이유가 비슷할 수 있기 때문에, 일일이 모든 단어에 대해서 이유를 언급할 필요는 없다.

❷ 많은 인원이 한 모둠이 된 경우, 이 활동 자체가 지루해질 수도 있다. 그럴 때는 자신이 쓴 모든 단어에 대해 말하지 않고, 3개 정도를 골라서 말하게 하는 것도 좋은 방법이다.

❸ 보드게임을 할 때, 구성물은 모두의 손에 닿는 곳에 놓고, 텍스트가 있는 경우 모두가 잘 읽을 수 있는 곳에 두는데, 이 활동에서도 노트를 모두가 잘 볼 수 있도록 해야 한다.

❹ 꼭 모든 라운드에 대해서 다 진행할 필요는 없이, 시간과 상황에 따라 적절하게 실행한다.

☀ 생생 수업 속으로

이 게임의 특성과 진정한 의미는 이해와 공감에 있기 때문에 서로가 쓴 단어를 공유하는 활동은 이 자체로 큰 의미가 있다. 서로에 대한 이해와 공감을 충분히 할 수 있는 시간이기 때문이다. 사실 학생들 입장에서는 게임 자체에 집중할 때의 재미가 워낙 높기 때문에, 이런 활동을 한다고 하면 차라리 게임을 더 하자고 하기도 한다. 그러기에 교사는 활동의 의미에 대해 충분히 설명할 필요가 있다. 또한 활동 순서를 사전에 알려 줌으로써 학생들 스스로 활동의 의미를 생각하며 수업에 참여하게 할 수도 있다.

실제로 각자가 작성한 노트를 직접 보면서 어떤 것을 썼는지 확인하고, 이유까지 들어 보면서 친구들이 어떤 생각을 하는지 서로의 마음을 알게 된다.

❷ 심화 수업 - 너도나도 '도덕' 하기

✐ 활동 개관

3~4차시에 걸친 심화 수업의 소주제는 '너도나도 도덕 하기'이다. 너도나도파티를 '도덕' 교과와 연결하여 활용도를 높이고 학생들이 게임을 자율적으로 즐길 수 있게 하는 데 수업의 초점이 있다. 활동 1에서는 너도나도파티를 도덕 버전으로 만들기 위해 도덕 교과와 관련된 질문을 만든다. 활동 2에서는 활동 1에서 만든 질문을 바탕으로 게임을 진행한다. 활동 3에서는 기본 수업에서 진행한 이해·공감 활동을 모둠을 넘어서 학급 전체가 할 수 있는 기회를 갖는다.

활동 1 | 너도나도 '도덕' 만들기

🎵 활동 방법

❶ 앞선 기본 수업에서 너도나도파티 게임을 하며 사용한 질문들을 떠올린다.

　💬 "너도나도파티 게임을 했을 때, 어떤 질문들이 있었나요?"

❷ 도덕 교과서를 꺼내고, 도덕과 관련된 너도나도파티 게임용 질문을 메모지에 적는다.

　💬 "도덕 교과서를 꺼내 보세요. 그리고 교과서를 활용해서 도덕과 관련된 질문을 만들어 보세요."

　💬 "너도나도파티 게임을 할 때 나왔던 질문들을 참고해서 직접 질문을 만들어 볼게요. 지금까지 배운 도덕 교과와 관련된 질문을 만들어 보세요."

● 교과서를 보며 질문할 거리를 찾는 모습

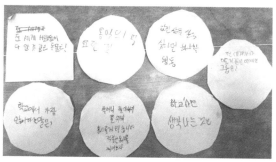

● 붙임쪽지에 적은 도덕 관련 질문

⭐ 활동 Tip

❶ 질문 만들기를 하기 전에, 미리 교사가 도덕과 어느 정도 관련이 되어 있는 카드를 고른 뒤, 고른 질문을 참고하여 질문을 적을 수 있도록 할 수도 있다.

　– 너도나도파티 게임 내에 있는 도덕 관련 카드의 예시는 아래와 같다.

빨강 카드	– "사람들이 가장 좋아하는 한국의 역사 위인은?" – "도둑을 잡았습니다. 도둑이 훔친 것은 무엇일까요?" – "외국인 입장에서 '한국' 하면 가장 먼저 생각나는 것은?"
초록 카드	– "어버이날입니다. 부모님께 드리고 싶은 선물은?" – "병문안을 갈 때 선물로 좋은 것은?" – "길을 가다 데스노트를 주웠습니다. 거기에 쓰여 있을 것 같은 이름은?" – "물건 중 하나를 골라 없앨 수 있는 초능력이 생겼습니다. 무엇을 없앨까요?"

❷ 질문을 만드는 데 어려움을 겪는 경우, 도덕의 가치를 넣으면 질문을 쉽게 만들 수 있다고 알려 준다.

　🎵 "도덕 시간에 배운 단어를 하나 떠올리고, 그 단어를 넣어서 질문을 만들어 보세요."

　🎵 "예를 들어, '사랑'이라는 단어가 떠오른다면 '사랑 하면 떠오르는 것은?'이라는 질문을 만들 수 있겠죠? 같은 방식으로 '평등 하면 떠오르는 것은?', '정직 하면 떠오르는 것은?' 등의 질문을 만들 수 있어요."

❸ 반드시 모든 학생이 질문을 만들 필요는 없다. 최소 3개의 질문지만 있어도 3라운드 동안 게임을 진행할 수 있다. 문제를 만들 때 참고할 수 있도록 게임에서 사용하는 문제 카드를 모둠마다 몇 개씩 나누어 주는 것도 좋다.

❹ 질문을 여러 개 만들고 싶어 하는 학생이 있는 경우, 상황에 따라 적절하게 말해 주어야 한다. 한 명이 질문을 여러 개 만들면 그만큼 다른 학생의 질문이 채택될 기회가 줄어든다. 그렇기에 모둠 내에서 질문이 많이 나오지 않을 경우에만 허락한다거나 하는 식으로 교사의 재량에 따라 적절하게 판단하여 안내해야 한다.

💡 생생 수업 속으로

　　질문을 만들 때, 교과서를 꺼내라고 하면 활동의 흐름이 끊기는 느낌을 순간적으로 받고는 한다. 하지만 막상 질문을 만들어서 게임을 하면 언제 그랬냐는 듯이 재미있게 게임을 한다. 그리고 자신들이 직접 만든 질문으로 게임을 하는 것에 성취감을 느낀다.

　　질문을 만드는 것을 즐거워하는 학생들도 있고, 어려워하는 학생들도 있다. 하지만 기존에 주어진 질문으로 게임을 할 때와는 다른 신선함을 느낄 수 있다. 질문을 만들면서 학생들의 창의력도 증진시킬 수 있지만, 친구와 같은 질문을 만들거나 비슷한 요소에서 질문을 만든 경험은 게임을 할 때와는 또 다른 공감을 경험할 수 있게 한다.

활동 2 | 너도나도 '도덕' 게임 하기

🎵 활동 방법

❶ 활동 1에서 만든 질문 중 1라운드에 사용할 질문을 선택한다.

　🎵 "메모지에 적은 질문들을 잘 섞어서 그중 하나를 선택해 주세요."

❷ 선택한 질문으로 너도나도파티와 동일하게 게임을 진행한다.

　🎵 "질문을 선택한 뒤에, 너도나도파티의 규칙대로 게임을 진행해 주세요. 어떤 색깔 카드 규칙을 따를지도 정해야 해요."

❸ 총 3라운드를 진행하고, 모둠의 진행도에 따라 점수를 계산한다.

❶ 학생들이 직접 질문을 만들었기 때문에, 가능한 한 최소 3라운드로 게임을 진행한다. 이를 통해 다양한 학생의 질문이 선택될 수 있게 한다.

❷ 질문 수가 적을 경우, 게임 안의 질문 카드를 사용해도 되고, 다른 모둠의 질문을 얻어 와서 게임을 진행해도 된다는 점을 안내한다.

❸ 게임 중에 사용하지 못한 질문은 교사가 따로 거두어 두었다가 다음에 사용할 수도 있다.

❹ 보드게임 내에 들어 있는 단어 노트는 따로 묶음으로 팔기도 하지만, 게임을 진행할 때마다 구입할 수는 없기 때문에, 게임을 진행할 수 있는 칸이 그려진 인쇄물을 복사해서 나누어 준다.

💡 생생 수업 속으로

학생들은 스스로 만든 질문으로 게임을 하는 과정에서 자신감을 얻는다. 실제로 게임을 진행하다 보면 질문이 공개될 때마다 학생들이 감탄사를 내뱉는 것을 목격할 수 있다. 이는 아이들이 도덕 교과를 이해하고 서로의 질문에 공감하고 있다는 증거이다. 라운드 수가 한정되어 있기 때문에, 자신이 만든 질문이 선택되지 않은 경우 아쉬워할 수 있다. 그럴 경우에는 나중에 다시 게임을 할 때 사용할 수 있도록 교사가 따로 모아 두는 것도 좋다.

활동 3 | 너도나도 '도덕'으로 학급 모두 이해·공감하기

🎵 활동 방법

❶ 자신이 쓴 단어를 그 이유와 함께 떠올린다. 자신의 단어 노트를 살펴보며 자신이 쓴 단어와 그 이유를 발표한다.

　🗨 "자신이 어떤 질문에 어떤 단어를 썼는지, 그 이유까지 발표해 볼 사람 있나요?"

　🗨 "저는 '할머니, 할아버지를 위해 할 수 있는 적절한 6가지 봉사는?'이라는 질문에 '장기자랑'이라고 썼습니다. 할머니, 할아버지께서는 손주의 장기자랑을 좋아하시기 때문입니다."

　🗨 "앞에서 말한 친구와 다른 질문을 골라 자신이 쓴 단어와 그 이유를 말해 주세요."

　🗨 "저는 '전 세계에 영향을 미치는 한국 연예인 그룹은?'이라는 질문에 'BTS'를 적었습니다. BTS는 해외 빌보드 차트에서도 높은 순위로 오른 적이 있는 가수이기 때문입니다."

✪ 활동 Tip

❶ 여러 명이 한 모둠에 속하기 때문에 하나의 질문으로 1명만 발표할 경우 학급 내 모든 학생들이 발표를 하지 못할 수 있다. 물론 모든 학생이 발표할 필요는 없지만 시간적 여유가 있어 모든 학생이 발표를 하게 된다면 같은 질문이어도 발표할 수 있게 허용하면 된다.

❷ 학급 모두에게 자신이 쓴 단어와 이유를 공개하는 것이기 때문에, 원하지 않는 단어를 굳이 끝까지 말하게 할 필요는 없다.

❸ 이 활동을 진행할 때, 활동을 변형하여 학생이 적은 단어를 쭉 말하게 하고, 이 단어들은 어떤 질문의 답으로 쓴 것인지 역으로 질문을 맞히는 활동을 할 수도 있다. 이때에는 해당 모둠원들은 답을 맞혀서는 안 된다.

💡 생생 수업 속으로

모둠별로 다른 질문으로 게임을 진행했지만, 도덕 교과와 연관이 되어 있는 이상 질문은 비슷한 요소를 담고 있는 경우가 많다. 그렇기 때문에 학생들은 자신이 참여한 질문에 대한 단어가 아니더라도 흥미 있게 발표를 들었다. 더불어 이 활동은 개인으로 참여하는 동시에 전체로 참여하는 형태이기 때문에 학급의 모든 학생들이 공감을 느낄 수 있는 기회가 된다. 그리고 역으로 단어를 보고 질문을 맞히는 활동을 학생들이 상당히 재밌어한다. 질문을 모르고 단어만 들을 때 느끼는 그 답답함이 오히려 활동에 긴장감과 재미를 준다.

Ⅳ. 너도나도파티로 수업 응용하기

❶ 수학

너도나도파티를 심화 수업처럼 교과와 관련 있는 질문을 만드는 형식으로 진행할 경우, 과목에 상관없이 손쉽게 활용할 수 있다. 수학을 예로 들면 수학적 개념을 언급할 수 있는 모든 부분에서 활용할 수 있다.

❶ 개념을 넣어서 문제를 만드는 경우

❓ "'곱하기' 하면 떠오르는 것은?", "'사각기둥' 하면 떠오르는 것은?"

❷ 수업 내용과 관련된 내용으로 문제를 만드는 경우

❓ "우리 반에서 띠그래프를 만들 때 알맞은 주제는?", "곱하기 문제에서 주로 사용되는 과일은?"

❷ 과학

과학적 개념에도 응용할 수 있고, 과학의 다양한 주제를 바탕으로 여러 문제를 만들 수 있다.

❶ 개념을 넣어서 문제를 만드는 경우

❓ "'포유류' 하면 떠오르는 것은?", "'이산화탄소' 하면 떠오르는 것은?"

❷ 수업 내용과 관련된 내용으로 문제를 만드는 경우

❓ "광합성을 가장 효율적으로 할 것 같은 식물은?", "별자리 이름 중 생각나는 것은?"

● 너도나도 '수학' 문제 만들기

● 너도나도 '과학' 문제 만들기

너도나도파티는 활용도가 높아서, 수업뿐 아니라 학급 경영에도 사용하기에 좋은 게임이에요. 무엇보다 학생들이 직접 질문을 만들어서 활용할 수 있는 것도 좋고요. 학생들이 서로 같은 단어를 썼을 때 서로를 바라보는 표정이 정말 흐뭇하더라고요.

너도나도파티는 제가 수업에서 활용할 수 있는 베스트 게임으로 꼽는 게임입니다. 도덕뿐 아니라, 다른 과목에도 다양하게 사용할 수도 있고, 무엇보다 학급 경영을 하는 상황에서 사용하기도 용이하죠. 예를 들어, 학생이 전학을 갈 때 전학 가는 학생을 주제로 게임을 진행하면 분위기를 훈훈하게 만들 수 있습니다. 다만 수업을 할 때 어려운 점을 굳이 말하자면, 소수보다 다수의 인원이 참여해야 좋은데, 모둠별 편성으로 진행하는 경우 재미가 떨어질 수 있다는 것입니다.

말씀하신 대로 너도나도파티는 정말 좋은 게임입니다. 수업은 물론이고 학급 운영에 도움이 되는 게임이지요. 학급에서 하나 갖추고 있으면 좋은 게임임에는 분명합니다.

저도 이 게임을 학급 운영에 많이 활용해요. 보결 수업을 들어갈 때도 종종 활용하고요. 인터넷에서 시트지를 다운받을 수 있고, 교사가 직접 만들 수도 있기 때문에 게임을 준비하기가 쉬워 부담도 적습니다. 다만 처음에 말하는 학생은 좀 더 단어를 많이 말하고, 뒤 순서인 학생은 단어를 적게 말하다 보니 흥미도 면에서 서로 조금 차이가 날 수 있다는 점이 아쉬워요.

과학에서 동물 단원 들어갈 때, 학습 동기를 유발하기 위해 생각나는 동물이나 좋아하는 동물을 써 보라는 식으로 사용한 적이 있어요. 그때 학생들이 정말 좋아했고, 한 발 더 생각해 보면 학생들이 쓴 동물을 활용해서 분류 작업도 할 수 있지 않았을까 하는 생각을 했습니다.

이 게임을 단원 정리 시간에 사용하면 좋을 것 같아요. 인원 구성을 전체로 해서 진행해도 좋고, 모둠별로 진행해도 좋지요. 어떤 구성으로 진행해도 무리가 없기 때문에 상황에 따라 적절하게 사용하면 됩니다.

텔레스트레이션 미술 수업

I. 텔레스트레이션과 친해지기

❶ 게임 소개

　　텔레스트레이션은 카드에 나와 있는 단어를 스케치하고, 다른 플레이어가 무엇을 그린 것인지 추측하는 보드게임이다. 게임 인원은 4~8명으로 20분이 소요되며, 스케치북 8권, 마커 펜 8자루, 지우개 천 8장, 단어 카드 100장, 모래시계, 주사위, 규칙서로 구성되어 있다. 텔레스트레이션은 간단한 게임 규칙으로 다인수가 동시에 즐길 수 있고, 그림을 잘 그리지 못해도 서로 이야기를 나누며 재미있게 게임에 참여할 수 있는 장점이 있는 보드게임이다.

❷ 게임 방법

▶ 게임 준비

❶ 단어 카드를 섞어 테이블 중앙에 잘 쌓아 두고, 모래시계와 주사위를 그 옆에 놓는다.

❷ 단어 카드의 '이쪽'과 '저쪽' 중 어느 쪽을 사용할지 결정한다.(어느 쪽을 사용하든 차이는 없다.)

❸ 각자 스케치북과 펜, 지우개 천, 단어 카드를 하나씩 가져간다. 단어 카드는 다른 사람에게 보이지 않도록 한다.

❹ 스케치북의 이름을 적는 칸에 각자 자기 이름을 쓴다.

▶ 게임 진행

❶ 주사위 던지기: 1명이 주사위를 던진다. 굴린 주사위 숫자에 해당하는 답을 각자 자기 단어 카드에서 찾아 스케치북 정답 칸에 적는다. 이때 답을 다른 사람에게 보여 주면 안 된다.(만약 답에 큰따옴표와 함께 밑줄이 그어져 있다면, 그 답에 해당하는 것을 하나 생각해서 쓴다.)

❷ 그림 그리기 준비하기: 게임 인원이 짝수(4, 6, 8)라면, 1페이지 '그림을 그려요!'를 펼쳐 그림 그릴 준비를, 게임 인원이 홀수(5, 7)라면, 1페이지 '그림을 그려요!'를 펼치고, 그대로 스케치북을 왼쪽 사람에게 전달한다. 스케치북을 받으면 몰래 앞 페이지를 보고 다시 1페이지를 펼쳐 그림 그릴 준비를 한다.

③ 그림 그리기: 각자 1페이지 '그림을 그려요!'가 펼쳐진 스케치북을 들고 있는 상태에서, 모래시계를 돌린다. 모래가 다 떨어질 때까지 정답 칸의 단어를 설명하는 그림을 그린다. 모래가 다 떨어지면 한 페이지를 넘겨 2페이지를 펼치고, 모두 동시에 왼쪽 사람에게 자기 스케치북을 전달한다.

④ 정답 맞히기: 각자 2페이지 '답을 맞혀요!'가 펼쳐진 스케치북을 들고 있는 상태에서 한 페이지 앞을 펼쳐 몰래 그림을 보고, 다시 2페이지를 펼쳐 무엇을 표현한 그림인지 정답을 적는다. 다음 페이지를 모두 동시에 펼쳐 자기 왼쪽 사람에게 스케치북을 전달한다.

⑤ 계속 진행하기: ③, ④ 단계와 같이 한 번은 다 함께 그림을 그리고, 한 번은 다 함께 답을 적는 과정을 계속 진행하면서 스케치북을 전달한다. 한 바퀴 돌아 자기 스케치북을 받게 되면 게임이 끝난다.

⑥ 정답 확인하기: 각자 자기 스케치북을 다시 받으면, 답을 확인한다. 1명씩 번갈아 가면서 자기 스케치북을 펼친다. 앞에서부터 1장씩 넘겨도 되고, 뒤에서부터 1장씩 넘겨도 된다. 넘길 때마다 어떻게 변해 갔는지 함께 보고 즐기며 라운드를 끝낸다.

⑨ 게임 종료

라운드가 끝나고, 스케치북을 확인한 뒤 스케치북 맨 앞 페이지 점수 기록표에 자신의 점수를 기록한다. 총 3라운드를 진행해 점수의 합이 가장 높은 사람이 승리한다.

✪ 추가 규칙

❶ 즐거운 규칙
  – 라운드가 끝나고 자기 스케치북을 확인한 뒤, 가장 마음에 드는 그림을 그린 사람에게 1점, 가장 마음에 드는 답을 쓴 사람에게 1점, 마지막 답이 처음 정답과 같다면 자신에게 1점을 준다.

❷ 경쟁 규칙
  – 라운드가 끝나고 자기 스케치북을 확인한 뒤, 앞에 나온 답과 같은 답을 적은 사람은 1점을 얻는다. 뒷사람이 점수를 받도록 그림을 그린 사람도 1점을 얻고, 마지막 답이 처음 정답과 같다면 문제를 낸 사람이 1점을 얻는다.

✪ 게임 TIP

❶ 그림을 그릴 때, 문자나 숫자를 사용하면 안 된다. 또한 그림을 그리지 않고 비워 둘 수 없다.

❷ 답을 맞힐 때, 빈칸으로 비워 두거나 물음표만 그리지 않는다. 어떤 답이든 적어야 한다.

❸ 그림을 완성했거나 답을 썼다면 페이지를 1장 넘긴 채 모두 끝날 때까지 기다렸다가 동시에 왼쪽 사람에게 스케치북을 넘긴다.

II. 텔레스트레이션으로 수업 꾸리기

❶ 수업 개관

　미적 감수성 함양은 물론이고 재미까지 갖춘 텔레스트레이션은 중요한 부분의 특징을 살려 간략히 그림으로 표현하는 보드게임이다. 그러므로 다양한 형태의 미술 수업을 구상할 수 있다. 이 수업은 초등학교 고학년 미술 수업으로 대상을 표현하는 과정에서 자유롭게 상상하고 표현하는 활동과 작품 감상을 하며 미적 감수성을 함양하도록 하는 것에 목적이 있다. 기본 수업은 텔레스트레이션 수업을 하기 위한 준비 단계이다. 예시 작품의 관찰, 보드게임 하는 방법, 자유롭게 연습하는 활동을 포함하여 기본 수업을 구성한다. 심화 수업은 기본 수업을 바탕으로 대상의 특징 간략하게 표현하기, 작품 감상과 토론, 느낀 점과 알게 된 점을 공유하기 등의 활동을 포함한다.

❷ 수업 핵심 내용

- 다양한 자료를 활용하여 아이디어와 관련된 표현 내용을 구체화할 수 있다.
- 조형 원리(비례, 율동, 강조, 반복, 통일, 균형, 대비, 대칭, 검증·점이, 조화, 변화, 동세)의 특징을 탐색하고, 표현 의도에 적합하게 활용할 수 있다.
- 작품 제작의 전체 과정에서 느낀 점, 알게 된 점 등을 서로 이야기할 수 있다.

❸ 수업 한눈에 보기

주제		대상의 특징 간략하게 표현하기
기본	1~2차시 텔레스트레이션 알아보기	1 대상의 특징을 간략하게 표현한 작품 관찰하기 2 텔레스트레이션 하는 방법 알아보기 3 자유롭게 그림 그리며 연습하기
심화	3~4차시 텔레스트레이션으로 나만의 작품 표현하고, 공유하기	1 텔레스트레이션으로 대상의 특징 간략하게 표현하기 2 '오늘의 작품' 감상하고 토론하기 3 작품에 대한 느낀 점, 알게 된 점 공유하기

III. 텔레스트레이션으로 수업하기

❶ 기본 수업 - 텔레스트레이션 알아보기

✏️ 활동 개관

1~2차시에 걸친 기본 수업의 소주제는 '텔레스트레이션 알아보기'이다. 텔레스트레이션 보드게임을 알아보고, 대상의 특징을 간략하게 표현하는 연습을 하는 데 수업의 초점이 있다. 활동 1에서는 대상의 특징을 간략하게 표현한 여러 작품들을 관찰하며, 대상의 특징을 간략하게 표현할 때 중요한 점에 대해 알아본다. 활동 2에서는 텔레스트레이션 하는 방법을 유튜브 영상으로 알아보고, 중요한 규칙을 익힌다. 활동 3에서는 기본 도형 그리기, 다양한 대상을 표현하기 등을 통해 자유롭게 그림을 그리며 심화 수업을 준비한다.

활동 1 | 대상의 특징을 간략하게 표현한 작품 관찰하기

🎵 활동 방법

❶ 대상의 특징을 간략하게 표현한 예시 작품들을 보고 작가가 어떤 대상을 표현하려고 했을지 추리한다.

❷ 자신이 생각하는 답과 그렇게 생각한 까닭을 발표한다.

　　🔹 "이 그림은 무엇을 표현한 걸까요? 왜 그렇게 생각하나요?"

　　🔹 "노래방을 표현한 것 같아요. 왜냐하면 어떤 방에서 한 사람이 마이크로 노래를 부르고 있는 것
　　　처럼 보이기 때문이에요."

❸ 작품을 보고 작가가 왜 그렇게 표현했을지 추리한다.

　　🔹 "이 작품은 노래방을 표현한 것이라고 해요. 작가는 노래방을 왜 이렇게 표현했을까요?"

　　🔹 "처음에는 작가가 왜 네모 모양을 그렸을까 의아했는데, 곰곰이 생각해 보니 '방'이라는 공간을
　　　표현하기 위해서 그런 게 아닐까 싶어요."

학생 1: 작가는 손에 들고 있는 마이크를 강조해서 표현한 것
같아요. 사람이 노래 부르는 모습을 표현하려고 한 거죠. 그
렇게 작가는 '노래'를 표현한 듯해요.

학생 2: 저는 생각이 좀 다른데요, '노래'를 표현하려 했다면,
네모 테두리를 안 그렸을 것 같아요. 네모가 꼭 방 모양처럼
생긴 것으로 봐서는 방 안에서 노래를 부르는 '노래방'을 표
현한 것 같아요.

교사: 이 작품의 작가는 '노래방'을 표현했다고 해요. 작가는
왜 그렇게 표현할 수밖에 없었을까요?

❹ 작가가 중요하게 표현하고 싶어 했던 부분은 어느 곳인지 찾아본다.

　　🔹 "작가가 가장 중요하게 표현하고 싶어 한 부분이 어디일까요?"

　　🔹 "제가 생각하기에는 사람과 마이크, 방을 표현한 네모 칸 같아요."

❺ 만약 나라면 어떻게 표현했을지 상상해 보고 발표한다.

　　🔹 "만약 나라면 어떻게 표현했을까 생각해 보고 그 이유와 함께 말해 보세요."

　　🔹 "저라면, 노래를 좀 더 강조하기 위해 마이크 주변에 음표를 추가해서 그렸을 것 같습니다."

❻ 다른 예시 작품을 학생들에게 보여 주며, ❶~❺번 과정을 반복한다.

학생 1: 작가가 이 작품에서 중요하게 표현한 부분은 숟가락, 젓가락 같아요. 네모 모양의 판에 여러 가지의 무엇인가가 있는 것으로 봐서는 '급식판'을 표현한 것 같아요.

학생 2: 저는 생각이 좀 다른데요, '급식판'을 표현했다면 오른쪽 하단에 위치한 네모 안에 국을 놓을 수 있는 원 모양을 표현했어야 해요. 그런데 이 작품에서는 그런 부분이 없어요. 밥과 음식들을 표현한 걸로 봐서는 '도시락'을 표현한 것 같아요.

교사: 이 작품의 작가는 '도시락'을 표현했다고 하네요. 선생님도 보고 바로 도시락이 떠올랐는데요, 지금 다시 봐도 사각형이 도시락과 많이 닮아 보여요.

❼ 대상의 특징을 간략하게 표현할 때 중요한 점이 무엇인지 파악한다.

　😊 "대상의 특징을 간략하게 표현할 때 중요한 점은 무엇일까요?"

　😊 "상세한 표현보다는 중요한 부분만 간추려서 그리는 게 좋아요."

✪ 활동 Tip

❶ 예시 작품이 꼭 잘 그린 작품일 필요는 없다. 잘 그린 작가의 작품보다는 오히려 비슷한 또래 학생들의 일상적인 작품이 예시 작품으로 좋다.

❷ 그림을 그린 친구에게 작가 호칭을 부여하고, 잘 그리지 못한 그림도 하나의 작품으로 인정하는 등 서로를 존중하는 태도를 갖게 한다.

❸ 활동 1에서는 친구의 작품을 학생들이 충분히 관찰하고, 다양한 생각을 공유하는 것이 중요하다. 그러므로 교사는 정답을 최대한 늦게 공개하는 것이 좋다.

✪ 생생 수업 속으로

　이 활동에서 제시한 '노래방' 작품은 교사와 학생들의 생각 차이를 알게 한 소재이다. 성인들이 생각하는 노래방은 방이 크고, 여러 사람이 함께 노래 부르는 공간이다. 하지만 학생들이 생각하는 노래방은 1~2명이 작은 방에 들어 가서 노래를 부르는 코인 노래방을 뜻한다. 그래서 사람 1명, 마이크, 방, TV 화면, 동전 투입구, 문, 화면 근처에 놓인 또 다른 마이크가 주요 표현 대상이 된 것이다.

　대상의 특징을 간략하게 표현하거나 중요한 점을 파악할 때 학생들의 생각을 최대한 정선해서 정리한다. 수업 중 "상대방이 오해하지 않도록 불필요한 부분은 그리지 않는다."라고 발표한 학생이 있었는데, 엄밀히 말하면 잘못된 생각이다. 예술 작품의 표현은 작가의 고유 창작 활동이다. 예술 작품은 자신의 생각을 추상적인 점, 선, 면 등으로 표현한 것으로 많은 사람들이 해당 작품에 대해 다르게 해석할 여지가 있다. 물론 표지판과 같이 누구나 알기 쉽게 표현해야 하는 창작물도 있긴 하다. 그러므로 이와 비슷한 말을 하는 학생이 있다면 여러 가지 상황에 맞게 표현하도록 조언해 주는 것이 바람직하다.

　사실 텔레스트레이션에서 높은 점수를 받기 위해서는 대상을 다른 사람이 알기 쉽게 표현해야 한다. 그런 입장에서 본다면 상대방이 오해하지 않도록 불필요한 부분은 그리지 않는 것이 맞을 수 있겠다. 하지만 그런 경우에는 교사가 의도적으로 추상적인 예술 작품을 제시할 필요가 있다.

활동 2 │ 텔레스트레이션 하는 방법 알아보기

♪ 활동 방법

❶ 유튜브 영상 자료를 활용하여 텔레스트레이션 게임 방법을 익힌다.

● 단어 카드를 섞어 가운데에 더미로 놓아둔다. 각자 스케치북과 펜, 지우개 천, 단어 카드를 하나씩 가져간다.(단, 단어 카드는 혼자서만 본다.)

● 주사위를 굴려서 해당 번호의 단어를 자신의 스케치북에 적는다.

● 스케치북의 '그림을 그려요!' 페이지에 모래시계의 모래가 다 떨어질 때까지 단어를 설명하는 그림을 그린다.

● 그림을 그렸다면 페이지를 넘기고 왼쪽 사람에게 스케치북을 전달한다.

● 스케치북 한 페이지 앞을 펼쳐 그림을 보고 '답을 맞혀요!' 페이지에 답을 적는다. 한 바퀴 돌아 자기 스케치북을 받게 되면 게임이 끝난다.

● 점수 규칙에 따라 채점한다. 앞에 나온 답과 같은 답을 적은 사람 1점, 뒷사람이 점수를 받도록 그림을 그린 사람은 1점, 마지막 답이 처음 정답과 같다면 문제를 낸 사람은 1점을 얻는다.

❷ 학생들이 간과하기 쉬운 부분을 중심으로 게임 규칙을 다시 설명하며 정리한다.

　🗨 "선생님이 몇 가지 중요한 규칙을 다시 설명해 줄 거예요. 잘 기억해 주세요."

– 게임 인원이 짝수(4, 6, 8)라면, 1페이지 '그림을 그려요!'를 펼쳐 그림 그릴 준비를 한다.

– 게임 인원이 홀수(5, 7)라면, 1페이지 '그림을 그려요!'를 펼치고, 그대로 스케치북을 왼쪽 사람에게 전달한다. 스케치북을 받으면 몰래 앞 페이지를 보고 다시 1페이지를 펼쳐 그림 그릴 준비를 한다.

– 게임 중 맨 앞 페이지에 적혀 있는 정답은 절대 보지 않는다. 처음 시작할 때 1페이지 '그림을 그려요!'를 그릴 때만 맨 앞 페이지에 있는 정답을 볼 수 있다.

– 그림을 그릴 때, 문자나 숫자를 사용하면 안 된다.

– 답을 맞힐 때 잘 모르겠다고 빈칸으로 비워 두면 안 된다. 어떤 답이든 반드시 적어야 한다.

– 그림을 완성했거나 답을 썼다면, 모두가 끝날 때까지 기다려야 한다. 먼저 끝냈다고 미리 옆 사람에게 전달하면 안 된다. 모두 준비가 되면 동시에 왼쪽 사람에게 스케치북을 넘긴다.

✪ 활동 Tip

❶ 유튜브 매뉴얼 영상을 활용하여 텔레스트레이션 게임 방법을 빠른 시간 안에 습득시키는 것이 시간 활용에 유용하다.

❷ 영상을 처음부터 끝까지 한 번에 보여 주는 방법보다는 중간에 화면을 멈추면서 부연 설명을 하는 방법이 효과적이다. 매뉴얼 영상에서 말하는 보드게임 구성물을 같이 확인하는 활동이나 동작을 시연하는 것도 학생들의 이해를 돕는 데 좋다.

❸ 텔레스트레이션을 처음 접해 본 학생들은 다음 두 가지를 가장 많이 헷갈려 하고 어려워한다. 첫째, 게임 인원에 따라 게임을 어떻게 진행하는지 어려워한다. 이 부분은 반드시 교사가 해당 모둠(홀수, 짝수)의 상황에 따라 구체적으로 시연해 주는 것이 좋다. 둘째, 점수 계산을 어려워한다. 텔레스트레이션에서 점수를 계산하는 방법에는 2가지가 있는데 일반적으로 경쟁 규칙을 많이 활용한다. 그래서 처음부터 경쟁 규칙만을 설명하고 진행하는 것이 좋다. 학생들이 좀 더 익숙해지면 즐거운 규칙을 활용하게 한다.

❹ 정규 규칙에서는 그림을 그리는 시간을 제한하기 위해 모래시계를 활용했지만, 실제 수업에 활용할 때에는 반드시 모래시계를 사용할 필요는 없다.

❺ 정규 규칙에서는 스케치북에 그림이나 단어를 쓰고, 다음 한 페이지를 넘겨서 왼쪽 사람에게 전달하게 되어 있다. 하지만 학생들과 진행할 때에는 이 규칙 또한 꼭 강요할 필요는 없다. 스케치북을 한 페이지를 넘겨서 왼쪽 사람에게 넘기는 것보다 그 상태 그대로 왼쪽 사람만 보일 수 있게 하는 것이 학생들에게 혼돈을 덜 준다.

💡 생생 수업 속으로

초등학교 수업 시간에 텔레스트레이션 하는 방법을 학생들에게 이해시키는 데 평균적으로 소요되는 시간은 10분이다. 텔레스트레이션 유튜브 매뉴얼 영상의 길이는 4분 정도이지만, 중간중간 영상을 멈추며 부연 설명을 하면 그 정도의 시간이 걸린다. 물론 학생 개인차 또는 학급 구성원 전체의 보드게임 이해도에 따라 시간이 가감될 여지가 있으므로 수업 설계 시 상황에 맞게 유연하게 대처해야 한다.

활동 3 | 자유롭게 그림 그리며 연습하기

🎵 활동 방법

❶ 선 긋기와 도형 그리기, 지우개 천으로 그림을 지우는 연습을 한다.

🎨 "텔레스트이션 스케치북, 마커 펜, 지우개 천을 나눠 가지고, 단어 카드는 가운데에 더미로 쌓아 놓으세요. 스케치북에 자유롭게 선을 긋고 도형을 그려 보세요. 그리고 그린 것이 잘 지워지는지 지우개 천으로 지워 보세요."

❷ 더미에서 마음에 드는 단어 카드를 고르고 그 카드에 있는 대상 중 쉬운 단어를 스케치북에 자유롭게 표현한다.

🎨 "마커 펜을 사용하는 데 좀 익숙해졌다면, 가운데 카드 더미 중에서 마음에 드는 단어 카드를 몇 장 고르세요. 그 단어 카드 안에 있는 단어들 중 표현할 수 있을 만한 단어를 선택해서 스케치북에 자유롭게 표현해 보세요. 단, 숫자나 글자가 그림에 들어가서는 안 돼요."

❸ 그린 작품이 대상의 특징을 잘 표현했는지 스스로 점검한다.

🎨 "연습한 작품이 대상의 특징을 잘 표현했는지 스스로 점검해 봅시다."

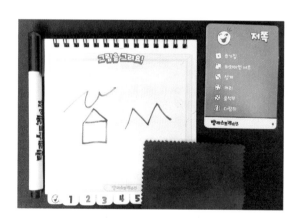

✪ 활동 Tip

❶ 텔레스트레이션 스케치북은 일반 스케치북과 달리 표면이 매끄럽다. 학생들이 마커 펜, 스케치북 등의 보드게임 구성물에 적응할 시간을 주는 것이 좋다.

❷ 학생들이 자유롭게 그림을 그리며 연습하는 동안, 교사는 모둠별로 돌아다니며 학생들이 궁금해하는 점이나 활동 2의 매뉴얼 숙지 정도를 다시 한번 점검하는 것이 좋다.

❸ 학생들이 대상을 너무 섬세하게 표현하거나 과하게 많은 객체를 그려 넣는 경우가 있다. 대상의 특징을 간략하게 표현하는 것이 수업의 핵심이므로 중요한 부분이나 특징만을 간략하게 표현하도록 안내한다.

⊙ 생생 수업 속으로

학생들이 활동하는 모습을 관찰해 보면, 과도하게 섬세한 표현을 하는 학생과 너무 성의 없게 표현하는 학생을 발견할 수 있다. 정규 규칙으로 게임을 할 때에는 그림을 그리는 시간이 1분 정도 주어지므로 섬세한 표현을 하기에는 시간이 부족하다. 그림 그리는 시간이 늘어지게 되면 게임 진행 시 다른 학생을 기다리는 시간이 생겨 활동에 대한 흥미를 잃게 될 수 있다. 섬세한 표현은 좋은 결과물로 이어질 수는 있지만 대상의 특징을 간략하게 표현하기라는 주제에 맞게 대상을 그리도록 안내하는 것이 좋다. 또한 대상을 성의 없이 표현하는 학생들이 생기면 게임을 원활하게 진행하기 어렵기 때문에 그러한 학생들에 대한 교사의 개별 피드백도 반드시 필요하다.

❷ 심화 수업 - 텔레스트레이션으로 나만의 작품 표현하고, 공유하기

✎ 활동 개관

3~4차시에 걸친 심화 수업의 소주제는 '텔레스트레이션으로 나만의 작품 표현하고, 공유하기'이다. 텔레스트레이션으로 대상의 특징을 간략하게 표현해 보고, 작품 감상과 토론으로 자기의 생각을 공유하는 데 수업의 초점이 있다. 활동 1에서는 모둠별로 보드게임을 하면서 대상의 특징을 간략하게 표현한다. 활동 2에서는 학생들이 표현한 작품 중 '오늘의 작품'을 선정하여 이야깃거리를 생각하며, 작품 감상과 토론 활동을 깊이 있게 진행한다. 활동 3에서는 '오늘의 작품'에 대한 작가의 생각을 들어 보고, 그에 대한 느낀 점, 알게 된 점을 함께 공유한다.

활동 1 | 텔레스트레이션으로 대상의 특징 간략하게 표현하기

🎵 활동 방법

❶ 모둠별로 텔레스트레이션 보드게임을 한다.

　💬 "지금부터 모둠별로 텔레스트레이션 보드게임을 해 보세요. 진행하다가 모르는 것이 있으면 손을 들어 주세요."

❷ 교사는 학생들의 활동을 관찰하며 활동 2의 '오늘의 작품'에 출품될 후보작을 사진으로 찍어 수집한다.

　💬 "어떤 작품들은 선생님이 사진으로 찍을 수도 있어요. 당황하지 말고, 그대로 게임을 진행해 주세요. 사진을 찍는 이유는 이 다음 활동에서 알려 줄게요."

● 학생 활동 스케치북 예시

⭐ 활동 Tip

❶ 텔레스트레이션은 게임 참여 인원이 많을수록 더욱 재있는 게임이므로 4~5명보다는 6~8명으로 모둠을 구성하는 것이 바람직하다.

❷ 학생들의 질의응답에 답변을 해 주고 게임이 원활하게 진행될 수 있도록 피드백도 함께 제공한다. 단, 교사의 과도한 개입은 오히려 게임의 흐름을 방해할 수 있으므로 게임이 잘 진행되지 않는 모둠에만 개입한다.

❸ 학생들이 창의적으로 표현 활동을 할 수 있도록 최소 30분 이상의 충분한 게임 시간을 확보한다. 게임은 한 번에 총 3라운드로 진행되므로 한두 번 게임이 진행될 수 있도록 최소 30분 이상의 시간을 확보해야 한다.

❹ 단어 카드에 큰따옴표와 함께 밑줄이 그어져 있다면 그 답에 해당하는 단어 하나를 생각해서 쓰게 한다.

❺ 자기 스케치북을 받으면 게임이 종료되는데, 어떤 스케치북이 자신의 스케치북인지 헷갈려 하는 학생들이 있다. 그런 경우 스케치북 우측 하단 숫자를 보면 쉽게 알 수 있다고 알려 준다. 즉, 자신의 차례에 우측 하단의 숫자가 게임 참여 인원과 같다면, 마지막 차례가 된다. 답을 쓰거나 그림을 그리고 왼쪽 사람에게 스케치북을 넘기면 게임이 끝난다고 피드백해 준다.

💡 생생 수업 속으로

텔레스트레이션을 하면 그림을 못 그리는 학생들도 매우 재미있게 수업에 참여한다. 오히려 그런 학생들이 교실에 웃음을 유발하는 긍정적인 주인공이 되기도 한다. 하지만 학생 수준에서 표현하기 어려운 단어가 단어 카드에 섞여 있기 때문에 일부 학생은 게임에 참여하는 데 어려움을 겪기도 한다. 또한 1개의 주사위를 굴려 그 눈금에 해당하는 임의의 단어를 표현하는 것에 어려움을 느끼는 학생들도 있다.

실제로 텔레스트레이션 수업을 해 보면 초등학교 고학년 이상이더라도 게임을 처음 접해 본 학생 중 10% 정도는 정규 규칙에 따라 게임하는 것을 어려워한다.(문자나 숫자를 쓰지 못하는 것도 학생들이 어려워하는 규칙이긴 하지만, 경험상 이 규칙은 반드시 지키는 것이 좋다.) 그러므로 교사는 실제 수업 시간에 참여하는 학생들의 수준과 상황을 고려하여 게임 난이도를 조절하는 것이 바람직하다.

다음 방식으로 텔레스트레이션 게임의 수준을 낮추면 쉽게 게임을 할 수 있다.

– 주사위를 2~3번 굴려 그중 마음에 드는 단어를 선택하게 한다.

– 주사위를 굴리지 않고, 임의로 단어 카드 1장을 선택하게 한다. 그런 후 그 카드에서 원하는 단어를 선택하여 게임을 진행한다.

– 단어 카드와 무관하게 학생들이 생각한 임의의 단어로 게임을 진행한다.

활동 2 | '오늘의 작품' 감상하고 토론하기

🎵 활동 방법

❶ 학생들 작품 중 '오늘의 작품' 사진을 TV 화면에 제시한다.

😊 "여러분이 보드게임을 재미있게 즐기는 동안 선생님이 몇몇 작품을 사진으로 찍었어요. 작품을 보고 무엇을 표현한 것인지 맞혀 볼까요? 선생님이 보여 주는 작품의 작가와 같이 게임을 했던 모둠원은 정답을 말하면 안 돼요. 그럼 작품을 같이 볼까요?"

❷ 작품을 관찰하고, 표현한 대상이 무엇인지 추측한다.

    🧑‍🏫 "이 작품은 무엇을 표현한 걸까요? 작품의 대상이 무엇이었을까요?"

    😊 "벌레요.", "파리요."

❸ 학생들의 생각을 바탕으로 논쟁거리를 제시한다.

    🧑‍🏫 "곤충, 벌레, 파리, 모기 등 여러 가지 생각들이 나왔어요. 그런데 그중에 '모기'와 '파리'라는 의견이 가장 많이 나온 것 같아요. 모기냐 파리냐 하는 것으로 의견이 분분하니 이 의견들을 토대로 토론을 진행해 보려고 해요. 선생님도 작품의 대상이 무엇인지 궁금하네요."

❹ 논제를 정하고, 입안문을 작성한다.

    🧑‍🏫 "모기와 파리 중에서도 모기라고 생각하는 사람이 더 많으므로 선생님이 다음과 같이 논제를 정해 볼게요. 논제에 따른 찬성과 반대의 근거를 찾아 입안문을 작성해 보세요."

논제: '오늘의 작품'에서 표현한 대상은 모기이다.

찬성	반대
저는 이 작품의 대상이 모기라고 생각합니다. 왜냐하면 첫째, 모기는 작고, 날개를 가졌습니다. 이 작품을 보면 큰 스케치북에 대상을 작게 표현했는데 그것은 모기의 작은 몸집을 표현하려고 한 것입니다. 둘째, 모기는 피를 빨아먹는 빨대 모양의 긴 주둥이를 가진 것이 큰 특징입니다. 이 작품의 가장 중요한 부분으로 작가는 그 부분을 강조하여 표현한 것입니다. 그래서 저는 이 작품의 대상이 모기라고 생각합니다.	저는 이 작품의 대상이 모기가 아니라고 생각합니다. 왜냐하면 첫째, 몸집이 작은 다른 곤충들도 많습니다. 오히려 날개 모양으로 봐서는 파리에 가깝다고 생각합니다. 모기의 날개는 얇고 길지만, 파리는 이 작품처럼 그보다 둥그렇습니다. 둘째, 모기의 눈은 이 작품처럼 생기지 않았습니다. 눈이 크고, 동그랗게 강조되어 있는 것으로 봐서는 오히려 파리에 가깝습니다. 그래서 저는 이 작품의 대상이 파리라고 생각합니다.

● 입안문 예시

❺ 각자가 작성한 입안문을 바탕으로 짝 토론 또는 회전목마 토론을 한다. 가위바위보를 해서 이긴 사람이 먼저 찬성과 반대 중 선택권을 가지고, 자신의 입장을 정하여 토론한다.

😊 "입안문을 바탕으로 짝 토론(또는 회전목마 토론)을 진행해 볼게요. 자리가 정해지면, 2명이 서로 가위바위보를 해서 이긴 사람이 찬성과 반대 중 어떤 입장에 설지 먼저 선택해요. 다른 학생은 남은 입장이 되어 서로의 생각을 말하게 될 거예요. 토론은 선생님이 칠판에 제시한 것처럼 찬성과 반대를 번갈아 가며 진행할게요. 그럼 시작해 볼까요?"

구분	찬성	반대
1	주장하기	
2		묻고 답하기
3		주장하기
4	묻고 답하기	

● 토론 진행 순서 예시

⭐ 활동 Tip

❶ 학생들의 작품들 중 다양한 관점에서 해석될 수 있는 것을 '오늘의 작품'으로 선정하여 제시하는 것이 좋다. 학생들에게 대표작을 선정할 수 있도록 선택권을 주는 것은 오히려 본 수업의 의도와 다르게 흘러갈 수 있다. 그렇기 때문에 활동 2가 시작되기 전 교사가 객관적인 시각으로 '오늘의 작품'을 미리 선정하도록 한다.

❷ 학생들의 다양한 생각을 대표적 1~2가지의 논쟁거리로 정리하고, 논제를 정해 깊이 있는 감상평이 나올 수 있도록 유도한다.

❸ 학생들이 입안문을 작성할 때에는 자신의 생각과 다르더라도 찬성과 반대의 입장을 모두 정리하게 한다. 이런 활동은 작품을 다양한 관점에서 바라볼 수 있게 한다.

💡 생생 수업 속으로

이 활동은 학생들의 다양한 사고를 촉진할 수 있다. 이를 위해서는 30분 내외로 한 가지 작품에 대한 학생들의 다양한 관점을 공유해야 한다. 하지만 미술 감상 수업을 하면 학생들은 '어느 부분을 잘 그렸다' '나도 그렇게 그리고 싶다' 등의 두루뭉술한 표현을 하거나 앞 친구와 비슷한 의견을 제시하여 다양한 관점을 공유하기 어렵게 한다. 즉 한 가지 작품에 대해 다양한 시각이 존재하지만, 비슷한 대답을 하는 형태로 수업이 진행되곤 하는 것이다.

이런 경우 다양한 이야기가 나올 만한 작품을 대상으로 논제를 정하면 좋다. 또한 입안문을 작성하여 토론하는 활동을 하면 좀 더 다양한 관점을 공유할 수 있다. 입안문을 작성하면 분석적이고 미시적인 관점으로 공유가 이루어질 수도 있지만 이 또한 학생들에게는 작품을 감상하는 하나의 관점으로 해석될 수 있다. 경험상 텔레스트레이션 수업을 해 보면 논란이 될 만한 작품들이 수없이 나온다. 그게 텔레스트레이션이 가지는 또 다른 매력이다.

결국 핵심은 미술 작품 감상이 지루하고 재미없는 것이 아니라 작품 속에 담긴 작가의 의도를 추리하며 얼마든지 재미있게 할 수 있는 것임을 느끼게 해 주는 것이다.

활동 3 | 작품에 대한 느낀 점, 알게 된 점 공유하기

🎵 활동 방법

❶ '오늘의 작품'을 표현한 작가가 자신의 생각을 발표한다.

> 🧑‍🏫 "'오늘의 작품'을 표현한 작가를 소개합니다. 모두 박수로 맞이해 주세요. 어떤 대상을 표현한 것인지 또한 어느 부분에 중점을 두고 대상의 특징을 간략하게 표현했는지 이야기해 주세요. 표현할 때 어려웠던 점도 함께 이야기하면 친구들에게 도움이 되겠죠?"

> 🧒 "오늘 제 작품을 같이 보면서, 다양한 생각들이 있을 수 있겠다는 생각을 많이 했어요. 제가 표현한 대상은 '모기'인데요, 모기는 긴 주둥이가 포인트라고 생각했어요. 그래서 그 부분을 좀 더 강조해서 표현했어요. 이 부분을 강조해서 표현하면 친구들이 쉽게 알 수 있겠구나 생각했는데 그게 아니었나 봐요. 파리, 곤충 등 다양한 의견이 나온 것을 보고, 저도 생각이 많아졌어요. 다음에 표현할 때는 다른 특징도 함께 표현하고 싶어요."

❷ 작가의 생각을 듣고, 작품에 대한 생각을 자유롭게 발표한다.

❸ 느낀 점과 알게 된 점을 발표한다.

> 🧑‍🏫 "오늘 수업을 하면서 느낀 점이나 알게 된 점, 또는 선생님과 처음 공부했던 대상의 특징을 간략하게 표현하는 방법에 대한 생각이 바뀐 부분이 있으면 말해 볼까요?"

> 🧒 "그림을 잘 그리는 것보다 내 생각을 잘 표현하는 것이 더 중요한 것 같아요."

> 🧒 "대상의 특징을 간략하게 표현할 때 바로 그리기보다는 대상을 여러 가지 요소로 분석해서 중요하게 표현할 것이 무엇인지 먼저 생각하는 게 중요해요."

> 🧒 "대상의 특징을 간략하게 표한할 때에는 상세한 표현보다는 중요한 부분만 간추려서 그리는 것이 좋아요."

❹ 교사가 수집한 다양한 학생 작품을 소개한다. 그 작품들은 사진으로 출력하여 환경 게시판에 붙일 것이라는 것을 안내하고 해당 작품들에 대한 생각을 붙임쪽지에 한 줄 평으로 작성하여 붙이게 한다.

👩‍🏫 "'오늘의 작품'에 소개된 작품 외에도 많은 작품들을 선생님이 사진으로 남겨 놨어요. 선생님이 수업이 끝나고, 사진으로 출력해서 교실 뒤 환경 게시판에 붙여 놓을 거예요. 중간 놀이 시간이나 하교 이후에 친구들의 다양한 작품을 관찰해 보고, 붙임쪽지에 간단한 한 줄 감상평을 작성해서 작품 밑에 붙여 보세요."

✪ 활동 Tip

❶ 학생들의 생각을 최대한 존중하며 변화된 생각, 솔직한 느낌을 자유롭게 공유할 수 있는 분위기를 조성한다.

❷ 사후 학습으로 연계되도록 환경 게시판 등을 활용하여 지도한다.

👋 생생 수업 속으로

이 활동은 텔레스트레이션 수업의 정리 부분이다. 앞서 기본 수업 활동 1에서는 교실 밖 조금은 먼 공간의 다른 친구의 작품이 소재였다면, 이번 심화 수업 활동 3에서는 보드게임을 하며 같이 경험한 내용을 토대로 한 교실 안 친구의 작품으로 소재가 바뀐다. 그래서인지 마지막 활동이지만 학생들의 모습은 좀 더 생기 있었고 자신의 생각을 구체적으로 발표하였다. 대상의 특징을 간략하게 표현하는 방법에 대한 생각이 처음과 바뀐 학생도 있으며, 자연스럽게 대상을 어떻게 표현하면 좋을지에 대해 서로의 생각을 공유했다. 보통 이런 활동은 수업의 흐름상 수업이 끝나는 정리 단계에서 진행된다. 하지만 정리 단계의 짧은 시간 동안 학생들이 느낀 점과 알게 된 점을 충분히 공유하지 못하는 것이 현실이다. 이는 미적 감수성을 공유하는 중요한 시간이므로 수업 설계 시 이 부분을 놓쳐서는 안 된다.

IV. 텔레스트레이션으로 수업 응용하기

① 사회

과목에 상관없이 텔레스트레이션을 활용하여 학습 내용을 정리하는 수업을 할 수 있다. 예를 들어 사회 과목의 역사를 수업한 후 해당 단원이나 주제의 역사적 사실이나 인물을 그림으로 표현하며 게임을 진행할 수 있다. 게임 규칙 중 다음 내용만 변형하고, 나머지는 정규 규칙으로 한다.

❶ 역사적 사실, 인물로 구성된 단어 카드를 별도로 마련하여 기존 텔레스트레이션 규칙대로 진행한다.

② 영어

텔레스트레이션을 영어 수업에서도 활용할 수 있다. 기존 텔레스트레이션 단어 카드에 있던 한글 카드 대신 학생들이 익힌 영어 단어를 활용한다. 영어 단어를 쓰고 이를 그림으로 표현하며 게임을 진행한다. 게임 규칙 중 다음 부분만 변형하고, 나머지는 정규 규칙으로 한다.

❶ 학생들이 배웠던 영어 단어로 구성된 단어 카드를 별도로 마련한다.

❷ 단어 카드에 적힌 영어 단어를 선택하여, 기존 텔레스트레이션 규칙대로 진행한다.

텔레스트레이션은 다른 보드게임과 다르게 승패의 의미가 조금은 덜 느껴져요. 그래서 경쟁적 요소보다는 서로 재미있게 웃고, 즐기는 정서 교류 측면에서 많은 장점이 있는 보드게임이지요.

저도 비슷한 생각인데요, 텔레스트레이션은 남녀노소 누구하고 같이 해 봐도 모두가 재미있어 했어요. 그래서 저도 주위 선생님들께 강추하는 보드게임 중 하나예요. 저희 반 수업에서는 그림을 못 그리는 학생들도 자신 있게 게임에 참여하며 표현하는 모습을 봤어요. 오히려 엉뚱한 표현이 친구들과 함께 즐겁게 웃고 즐길 수 있고, 논쟁거리가 되어 수업이 참 재미있게 진행됐어요.

그런데 텔레스트레이션으로 수업을 진행해 보면, 게임 규칙을 잘 이해하지 못하는 학생들이 있어요. 게임 참여 인원이 홀수인 경우와 짝수인 경우의 시작 방법이 다르기에 이 부분을 명확히 이해시키기가 힘들어요. 학급 모둠 구성원이 짝수나 홀수 어느 한쪽으로만 모두 같게 구성된다면 규칙을 이해시키기 좋아요. 하지만 모둠 구성원이 짝수와 홀수가 섞여 있는 경우에는 분명 애로점을 느낄 수 있어요. 아무래도 짝수 구성원이 게임에 참여할 때의 규칙이 좀 더 쉽게 느껴지니 최대한 짝수 모둠으로 우선 구성하고 규칙을 설명했을 때 학생들이 더 빠르게 이해했어요. 홀수로 구성된 모둠은 별도로 개별 지도를 하고요.

저도 처음 텔레스트레이션을 수업에 활용할 때 애로점이 있었어요. 초등학교 고학년 학생들조차도 마지막 점수 계산하는 부분을 어려워하더라고요. 점수 계산 방법 중 경쟁 규칙을 주로 활용하는데, 처음부터 모든 규칙을 학생들에게 이해시키기보다는 게임을 하면서 부분 부분 익히게 하는 게 더 효과적이었어요.

저는 텔레스트레이션을 교실 놀이로 확장할 수 있는 방법을 생각해 봤어요. 학생들을 일렬로 서게 한 후, 교사가 먼저 어떤 단어를 제시하는 거죠. 그 단어를 보고 뒤에 있는 학생은 그림을 그리고, 그 뒤 학생은 그 그림을 보고 최종적으로 단어를 추리하는 게임이에요. 반복적인 릴레이 형식으로 교실 전체 학생이 참여할 수 있어요.

테마틱 보건 수업

I. 테마틱과 친해지기

1 게임 소개

　테마틱은 한 가지 주제를 정하고 선정된 자음 카드에 맞는 단어를 연상하여 외치는 게임이다. 96개의 주제와 14개의 자음으로 1,344개의 단어를 연상하여 조합할 수 있다. 최대 10명의 인원이 손쉽게 즐길 수 있는 장점이 있는 테마틱은 웃고 즐기며 게임을 하는 사이 단어 연상 능력까지 길러지는 흥미진진한 게임이다. 게임은 자음 카드 14장, 점수 카드 20장, 테마 카드 18장으로 구성되어 있다. 별도의 준비 없이, 휴대가 간편한 알루미늄 케이스에 담긴 카드 뭉치만 있으면 언제 어디서든 게임을 즐길 수 있다.

2 게임 방법

▶ 게임 준비

❶ 점수 카드 20장을 4×5 형태로 테이블 가운데에 펼쳐 놓는다.
❷ 자음 카드를 잘 섞은 후 그중에서 5장을 뽑아 펼쳐 놓은 점수 카드 옆에 1장씩 둔다.

🕐 게임 진행

❶ 선을 정하고, 선이 테마 카드를 1장 고른다.
　– 테마 카드를 공개하기 전에 선은 1~8번 중 몇 번 주제어로 게임을 진행할지 결정한다. 그런 다음 테마 카드 1장을 공개하고 해당 주제어를 크게 외친다.
　– 주제어를 고를 때는 선이 미리 주제어를 보고 그중 하나를 선택하는 방법으로 진행할 수도 있다.
❷ 모두가 동시에 게임을 진행하며, 빨리 정답을 외친다.
　– 제시된 자음 카드로 시작하는 단어를 말해야 점수 카드를 가져갈 수 있다. 가장 빨리 정답을 외친 사람은 해당 자음 카드 줄에서 4점 카드를, 그다음은 3점 카드를 가져가는 식으로 정답을 먼저 말하는 사람부터 높은 점수 카드를 가져간다.

- 게임은 5줄 모두 동시에 진행된다. 예를 들어 테마 카드의 주제어가 '올림픽'일 경우, 먼저 한결이가 "수영"이라고 외치면서 'ㅅ' 줄에 있는 4점 카드를 가져간다. 동시에 한나가 "레슬링"이라고 외치고 'ㄹ' 줄에 있는 4점 카드를 가져간다. 주연이가 "승마"라고 외치고 'ㅅ' 줄의 3점 카드를 가져가고 한결이가 한 번 더 '사격'을 외치고 'ㅅ' 줄의 2점 카드를 가져간다.
- 어떤 사람이 말한 단어에 대해 '주제에 맞지 않는다'고 즉시 이의 제기를 할 수 있다. 이 경우에는 게임 참여자 중 과반수 이상이 동의해야만 점수 카드를 가져갈 수 있다.

📍 게임 종료

❶ 라운드 종료
- 2~4명 플레이어가 게임을 진행했을 경우에는 자음 카드 1줄의 점수 카드가 모두 없어지면 라운드가 종료되고, 5~10명 플레이어가 게임을 진행했을 경우에는 자음 카드 2줄의 점수 카드가 모두 없어지면 라운드가 종료된다.
- 라운드가 종료되면 가져온 점수 카드를 모두 합산해서 점수를 기록한다.

❷ 다음 라운드 진행
- 점수 카드를 원래대로 다시 4×5 형태로 만든다.
- 자음 카드를 모두 잘 섞은 후 다시 5장을 뽑아 1점 점수 카드 옆에 1장씩 둔다.
- 이전 라운드에서 가장 낮은 점수를 받은 사람이 선이 된다. 이후 모든 게임 진행은 같다.

❸ 게임 종료
- 총 5라운드를 진행해 가장 높은 점수를 획득한 사람이 승리한다.

✪ 게임 TIP

❶ 한 사람이 한 줄에서 한 단어만 말할 수 있는 것은 아니다. 한 사람이 한 라운드에 여러 개의 점수 카드를 가져갈 수 있다. 다섯 줄의 자음 카드를 동시에 사용한다.

❷ 약 20초간 침묵이 흐르면 열을 센 뒤 라운드를 강제 종료한다. 그때까지 획득한 점수 카드를 계산한다.

❸ 테마 카드 중 오른쪽 위 번호가 무지개색으로 표시된 카드는 비교적 쉽고 명확한 주제어들만 모아놓은 것이다. 초보자나 어린이의 경우 이 카드를 먼저 사용하는 것을 권장한다.

❹ 자음 카드 중 'ㄱ' 카드는 흰색, 'ㄴ' 카드는 노란색으로 구분할 수 있다.

❺ 검은색으로 쓰인 주제어는 해당 주제의 종류나 하위 분류를 말해야 한다. 빨간색으로 쓰인 주제어는 종류나 연상되는 단어를 말하면 된다.

테마틱
Thematik
보드게임 쉬운 설명

II. 테마틱으로 수업 꾸리기

❶ 수업 개관

이 수업은 초등 고학년 보건 수업의 감염병 예방 단원에 테마틱 보드게임을 활용한 것이다. 수업을 할 때 학생들에게 해당 수업의 핵심어 및 개념을 이해시키는 것은 매우 중요한 일이다. 테마틱 보드게임을 활용하면 재미있게 게임을 즐기는 사이에 자연스럽게 수업의 핵심어와 그 의미를 효과적으로 학습할 수 있다. 기본 수업에서는 테마틱의 게임 규칙을 그대로 활용하고 심화 수업에서는 테마틱을 변형하여 활용하는 방식으로 수업을 구성하였다. 기본, 심화 수업을 통해 핵심어 및 개념을 찾아내는 힘을 기르게 하고 수업의 정리 단계에서 모둠에서 찾은 핵심어 및 개념을 공유하게 함으로써 주요 개념을 반복적으로 익히고 기억하게 한다.

❷ 수업 핵심 내용

- 일상생활에서 자주 발생하는 감염병을 이해한다.
- 감염병에 걸렸을 때 대처하는 방법을 탐색한다.
- 감염병 예방 수칙을 알고 이를 실천한다.

❸ 수업 한눈에 보기

주제	감염병 대처 및 예방법 알아보기	
기본	1~2차시 감염병에 걸리면 어떻게 해야 할까?	→	1 감염병 알아보기 2 감염병 대처법 알아보기 3 감염병을 주제로 테마틱 게임 하기
심화	3~4차시 감염병 예방, 우리 함께 노력해요	→	1 감염병 예방 수칙 알아보기 2 감염병 예방 그림 카드 만들기 3 그림 테마틱 게임 하기

III. 테마틱으로 수업하기

❶ 기본 수업 - 감염병에 걸리면 어떻게 해야 할까?

✏️ 활동 개관

1~2차시에 걸친 기본 수업의 소주제는 '감염병에 걸리면 어떻게 해야 할까?'이다. 이 수업은 감염병의 의미와 발생 요인 및 대처 방법 등을 알아보는 데에 그 초점이 있다. 이를 위해 테마틱을 알아보고 테마틱을 활용하여 학습 문제와 관련된 중요 단어 및 개념을 찾아 익히는 활동을 진행한다. 활동 1에서는 감염병의 의미와 발생 요인을, 활동 2에서는 초등학생에게 많이 발생하는 감염병의 종류 및 증상과 그에 따른 대처 방법을, 활동 3에서는 테마틱 게임 방법을 알아본다. 테마틱 게임의 규칙을 숙지한 후에는 테마틱을 통해 활동 1과 활동 2에서 배운 내용의 단어들을 찾아본다.

활동 1 │ 감염병 알아보기

🎵 활동 방법

❶ 감염병의 의미를 설명한다.

　🧑‍🏫 "'감염병'이란 무엇일까요? 또는 '감염병' 하면 떠오르는 것은 무엇인가요?"

　😊 "다른 사람을 전염시키는 질병을 말해요."

　😊 "감기나 독감이 생각나요."

　😊 "감염병에 걸리면 사회적 거리 두기를 해야 해요."

　😊 "열이 나고 아파요."

　😊 "예방 접종을 해야 해요."

　🧑‍🏫 "감염병이란 호흡기나 피부 등 다양한 전파 경로를 통해 사람에게 침입한 세균, 바이러스와 같은 병원체 혹은 병원체가 생산하는 독성 물질에 의해 생기는 질병이에요."

❷ 감염병의 발생 요인을 설명한다.

　🧑‍🏫 "감염병이 발생하는 원인은 무엇일까요? 우리는 어떻게 해서 감염병에 걸리는 걸까요?"

　😊 "세균이나 바이러스 때문에 감염병에 걸려요."

　😊 "기침이나 재채기를 통해 전파되기도 해요."

　😊 "더러운 손을 통해 감염병에 잘 걸린다고 들었어요."

"감염병이 발생하려면 3가지, 즉 질병을 일으키는 병원체(바이러스, 세균, 기생충)와 병원체가 전파되는 과정인 환경, 그리고 병원체가 기생하여 살아가는 숙주(사람)가 필요해요. 이 3가지 발생 요인이 충분했을 때 감염병이 발생해요. 예를 들어 인플루엔자가 유행하는 시기에 깨끗이 씻지 않는 손을 통해 바이러스가 전파되었고, 환절기로 몸에 면역력이 떨어져 저항력이 약해져 있다면 우리는 인플루엔자에 잘 걸릴 수 있어요. 즉 병원체에 노출된다고 해서 모두 감염병에 걸리는 것은 아니에요. 병원체가 우리 몸에 들어오더라도 면역 체계가 잘 작동해 병원체를 무력화한다면 우리는 감염병에 걸리지 않아요. 반면 병원체가 활개를 칠 수 있는 환경에서 숙주인 우리는 훨씬 더 감염병에 걸리기 쉬워요."

💡 생생 수업 속으로

감염병의 개념과 감염병의 발생 원인을 설명할 때 학생들에게 다소 생소할 수 있는 용어를 사용하게 된다. 이를 쉽게 이해시키기 위해서는 해당 용어를 최대한 구체적으로 풀어서 설명하는 동시에 다양한 예를 들어 주는 것이 좋다.

활동 2 | 감염병 대처법 알아보기

🎵 활동 방법

❶ 초등학생에게 많이 발생하는 감염병의 종류와 그 대처법을 설명한다.

    "초등학생에게 많이 발생하는 감염병에는 무엇이 있을까요?"

    "감기나 독감에 잘 걸릴 것 같아요."

    "눈병이 많이 발생해요."

    "수두나 수족구도 많이 발생한다고 들었어요."

    "이렇게 다양한 감염병을 감염 경로에 따라 분류해 볼까요?"

〈감염 경로에 따른 감염병의 분류〉
– 먹고 마시는 소화기를 통해 감염되는 소화기 감염병: 노로 바이러스, 장염, 콜레라, 장티푸스 등
– 피부, 눈 등을 통해 감염되는 접촉성 감염병: 유행성 눈병, 파상풍 등
– 우리가 숨 쉬는 호흡기를 통해 감염되는 호흡기 감염병: 홍역, 유행성 이하선염, 인플루엔자 등
– 모기, 진드기, 파리 쥐 등 생물체에 의한 매개체 감염병: 일본 뇌염, 말라리아, 뎅기열, 지카 바이러스 감염증 등

"학교는 많은 친구들이 모이는 곳이라 감염병이 빠르게 전파될 수 있어요. 어른에 비해 면역력이 약한 초등학생은 감염병에 걸리기 더 쉬워요. 초등학생에게 많이 발생하는 감염병에는 독감, 유행성 이하선염, 수두, 유행성 결막염 등이 있어요. 이 감염병들에 걸리면 어떻게 대처해야 할까요?"

"얼른 병원에 가요. 그리고 다른 사람이 전염될 수 있으니까 학교에 가면 안 돼요."

"감염병에 걸렸을 때 대처하는 방법을 자세히 알아볼까요? 감염병에 걸리면 학교나 학원에 가지 말고 집에서 휴식을 취하는 게 좋아요. 전염력이 있는 기간에는 외출을 자제하고, 외출을 할 때는 마스크를 착용해야 해요."

🔆 생생 수업 속으로

감염병에 걸렸을 때 이에 대처하는 방법을 익히는 것은 공동체 모두의 건강을 위해 매우 중요한 일이다. 어려운 의료 용어를 사용하기보다는 쉽고 구체적인 설명으로 학생들이 자신의 삶에서 이를 실천할 수 있도록 이끌어야 한다.

활동 3 │ 감염병을 주제로 테마틱 게임 하기

🎵 활동 방법

❶ 유튜브 영상 자료를 활용하여 테마틱 게임 방법을 익힌다.

● 먼저 점수 카드를 1~4점까지 5줄로 배치한다.

● 자음 카드를 무작위로 섞어서 점수 카드 왼쪽에 배치한다.

● 제시된 자음의 단어로 시작되는 감염병과 관련된 단어를 빠르게 말한다.

● 모두 동시에 진행하며 빨리 정답을 외쳐야 한다.

● 정답을 빨리 외치는 사람이 그 자음의 높은 점수를 선점하여 가져간다.

● 4인 기준 점수 카드 1줄이 모두 제거될 때까지 게임을 진행한다.

❷ 학생들이 간과하기 쉬운 부분을 중심으로 게임 규칙을 다시 설명하며 정리한다.

💬 "선생님이 몇 가지 중요한 규칙을 다시 설명해 줄 거예요. 잘 기억해 주세요."

– 자음 카드의 자음으로 시작하는 단어를 말할 때는 활동 1과 활동 2에서 학습한 내용을 기억하며 단어를 제시한다.
– 어떤 사람이 말한 단어에 대해 '주제에 맞지 않는다'고 즉시 이의 제기를 할 수 있다. 이 경우 과반수 이상이 동의해야만(4인 모둠인 경우 2명 이상의 동의 필요) 점수 카드를 가져갈 수 있다.

❸ 4~5인을 한 모둠으로 구성하고 테마틱의 자음 카드와 점수 카드를 배치하여 게임을 준비한다.

❹ 테마 카드의 주제어 대신 교사가 제시한 주제어인 '감염병'으로 게임을 진행한다.

❺ 활동 1과 활동 2의 수업 내용을 기억하며 자음 카드의 자음으로 시작하는 단어를 제시한다.

❻ 1줄의 점수 카드가 모두 사라지면 게임을 종료하고 점수를 계산하여 우승자를 가린다.

✪ 활동 Tip

❶ 게임 진행 시 제시한 단어가 감염병과 관련된 단어인지 아닌지 이의를 제기한 경우 과반수 이상의 동의를 얻었다면 점수를 인정해 주고 가능한 한 모둠에서 이를 해결하여 점수를 인정하게 한다. 다만 쉽게 해결하지 못하는 경우에는 교사가 개입하여 의견을 제시해도 좋다.

❷ 게임을 진행하는 도중 1줄의 점수가 모두 사라지면 게임을 종료하게 하고 게임이 진행이 되지 않고 일정 시간 침묵이 흐른다면 이때에도 게임을 종료하게 한다. 이때 일정 시간의 기준으로 모래시계를 활용하는 것이 일반적이지만 더 이상 나올 단어가 없다는 것에 모둠원들이 동의한다면 게임을 종료할 수 있다.

　　테마틱은 게임 방법이 단순하여 규칙을 이해하지 못하는 학생은 없었다. 다만 게임 진행 도중 제시한 단어를 인정해 주어야 하는지 아닌지 모둠 안에서 논쟁이 발생하였다. 사전에 모둠에서 과반수 이상의 동의를 얻어 인정을 해 줄 수 있도록 안내하였음에도 과열된 경쟁으로 인해 목소리가 커지고 논쟁이 계속되어 교사가 돌아다니며 중재를 해 주어야 했다. 게임이 빨리 진행되어 먼저 끝난 모둠은 한 번 더 게임을 하도록 하였으며, 제시된 자음 카드로 더 이상 나올 단어가 없어 게임이 진행되지 않는 모둠은 새로운 라운드를 진행하게 하였다.

　　게임을 마친 후 게임을 하며 나온 단어를 모둠 안에서 함께 정리하고 그것을 다시 전체와 공유하는 정리 활동을 하면 좋겠다는 생각이 들었다. 이에 모둠에서 나온 단어 중에서 우리 모둠이 생각하는 핵심어를 뽑게 했다. 그리고 그 단어의 자음을 붙임쪽지에 적어 A4 용지에 배치했다. 이렇게 모인 각 모둠이 제시한 핵심어를 반 전체와 공유하고 어떤 단어인지 맞히며 이번 차시를 정리하였다. 모둠별로 점수를 부여했더니 다른 모둠보다 빨리 맞히기 위해 모둠원들끼리 서로 협동하며 적극적인 자세로 활동에 임하였다. 정리 활동을 통해 학습 내용을 복습하는 동시에 협동의 중요함을 배울 수 있었다.

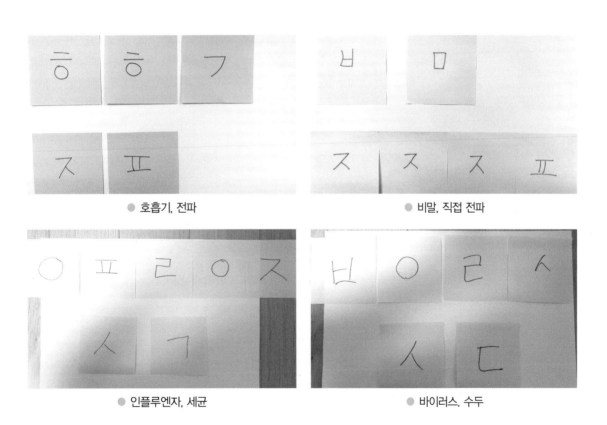

● 호흡기, 전파

● 비말, 직접 전파

● 인플루엔자, 세균

● 바이러스, 수두

수업을 진행하다 보면 자음 카드로 제시할 수 있는 단어가 한정적인 경우가 생긴다. 이런 경우 게임 진행이 원활히 이루어지지 못하고 정체되어 흥미를 잃고 집중을 못 하기도 한다. 수업 내용과 관련 있는 한정된 단어를 생각해야 하기 때문에 무작위로 제시되는 자음 카드로 게임을 진행하기 어려운 부분도 있다. 이런 문제점을 보완하기 위해 교사가 수업 내용과 관련된 단어를 사전에 생각하여 자음 카드를 제시해 줄 수도 있다. 예를 들어 자음 ㄹ로 시작하는 단어가 없는 경우 또는 자음 카드로 시작하는 단어가 적거나 어려워 학생들이 쉽게 제시하지 못할 것 같은 경우 사전에 그 자음 카드는 제거하고 게임을 진행하게 할 수 있다.

ㄱ	고열, 간접 전파, 근육통, 귀밑샘, 감염병, 감기, 기침	ㄴ	노로 바이러스, 눈병, 눈물, 눈곱
ㄷ	독감, 뎅기열, 두통, 등교 중지, 독성 물질	ㄹ	
ㅁ	몸살, 매개체 감염병, 물집, 모기, 면역력	ㅂ	비말, 바이러스, 발열, 병원체, 발진, 볼거리
ㅅ	수두, 소화기 감염병, 세균, 손, 수족구, 수포, 설사	ㅇ	인후통, 일본 뇌염, 유행성 이하선염, 유행성 결막염, 오한, 예방 접종, 인플루엔자
ㅈ	전파, 장티푸스, 재채기, 접촉성 감염병, 직접 전파, 전염력, 장염	ㅊ	침입, 침, 충혈
ㅋ	코로나 바이러스, 콜레라	ㅌ	타액, 통증
ㅍ	파상풍, 피부, 피로감, 파리	ㅎ	호흡기 감염병, 홍역, 합병증, 항바이러스제

● 단어 예시

또는 핵심어가 많이 나올 수 있는 자음 카드를 5장 선정하여 모든 모둠에 동일하게 제공하고 게임을 진행해도 좋다. 이 경우 제한된 시간 안에 가장 많은 단어를 찾는 모둠이 이기는 형태로 게임을 변형한다. 그리고 각 모둠에서 알맞은 단어를 찾았는지 확인할 수 있도록 모둠별로 찾은 단어를 발표하게 하는 것이 좋다. 모둠 대결을 시작하기 전에 각 모둠에서 제시한 단어를 인정해 주어야 하는지 아닌지 논쟁이 발생할 경우를 대비해 해당 모둠을 제외한 반 전체의 절반 이상이 찬성한 경우 인정할 수 있음을 안내하였다. 여기에 덧붙여 각 모둠이 찾은 단어 중 중복되는 단어는 무엇인지 확인하며 우리 반의 핵심 단어를 선정할 수도 있다.

❷ 심화 수업 - 감염병 예방, 우리 함께 노력해요

✐ 활동 개관

3~4차시에 걸친 심화 수업의 소주제는 '감염병 예방, 우리 함께 노력해요'이다. 이 수업은 테마틱을 활용하여 학습 문제와 관련된 중요 개념을 찾아 익히는 데 그 초점이 있다. 활동 1에서는 감염병 예방 수칙을 알아본다. 활동 2에서는 감염병 예방 그림 카드를 만든다. 활동 3에서는 그림 테마틱 보드게임을 하는 방법을 알아보고 활동 2에서 제작한 그림 카드를 활용하여 보드게임을 한다. 이를 통해 감염병 예방 수칙을 익힌다.

활동 1 | 감염병 예방 수칙 알아보기

♬ 활동 방법

❶ 감염병 예방 수칙을 알아본다.

　　😊 "감염병을 예방하려면 어떻게 해야 할까요?"

　　😀 "마스크를 착용해요."

　　😀 "제일 중요한 건 손을 잘 씻는 거예요."

　　😀 "감염병이 유행할 때는 거리 두기를 해야 해요."

　　😀 "기침 예절을 지켜야 해요."

　　😊 "감염병은 전파 속도가 빠르기 때문에 발생 초기에 전파를 차단하는 것이 중요해요. 감염병을 예방하기 위해서는 감염병의 원인인 병원체를 약화시키거나 우리 몸의 저항력을 키워야 해요."

〈감염병 예방법〉

1. 병원체를 약화시킨다.

   – 자주 환기를 시키고 밀집, 밀접, 밀폐 환경을 피한다.

   – 실내 습도를 40~60% 정도로 유지한다.

   – 몸이 아프면 다른 사람과의 접촉을 피하고, 거리 두기를 유지한다.

2. 저항력을 높인다.

– 손을 자주 씻는다. 손은 비누 등의 세정제를 사용하여 흐르는 물에 30초 이상 손 구석구석을 문지르며 씻어야 한다. 손바닥, 손등, 손가락 사이, 손톱 밑까지 빠짐없이 씻는다.

– 손 소독제를 사용한다. 손 소독제를 500원 동전 크기만큼 짜서 손 구석구석에 발라 소독제가 건조될 때까지 문지른 후 10초간 말린다.

– 마스크를 착용한다. 이때에는 마스크로 입, 코를 완전히 가려서 얼굴과 마스크 사이에 틈이 없게 해야 한다. 또한 마스크 안에 수건, 휴지 등을 넣어서 착용해서는 안 되며, 착용한 마스크를 만지지 않도록 주의해야 한다. 손으로 마스크를 만졌다면 바로 손을 씻는다.

– 기침 예절을 지킨다. 기침을 할 때에는 휴지나 손수건으로 입과 코를 가리고 한다. 휴지나 손수건이 없을 때는 옷소매 위쪽으로 입과 코를 가리고 기침을 한다. 기침을 한 후에는 손을 씻는다.

– 예방 주사를 맞는다.

– 규칙적으로 운동하고 균형 잡힌 영양을 섭취한다.

– 충분한 수면과 휴식을 취하고 스트레스를 관리한다.

활동 2 | 감염병 예방 그림 카드 만들기

🎵 활동 방법

❶ 그림 테마틱 보드게임을 할 때 사용할 그림 카드를 만드는 방법을 예시를 참고하여 알아본다.

🗨 "테마틱 보드게임의 자음 카드 대신 그림 카드를 사용해서 그림 테마틱 보드게임을 진행하려고 해요. 선생님이 여러분을 위해 감염병 예방과 관련된 그림 카드를 준비했어요. 감염병을 예방하기 위해서 손으로 할 수 있는 일이 많이 있지요. 예를 들어 '손을 자주 씻습니다.', '마스크를 착용한 후 가능한 한 마스크를 만지지 않습니다.', '감염병이 유행할 때는 공용 물품을 사용하지 않습니다.' 등이 손과 관련된 감염병 예방 수칙이에요. 또는 집을 표현한 그림으로 다음과 같이 다양한 예방 수칙을 생각할 수 있어요. '아프면 집에서 안정을 취합니다.', '환기를 자주 합니다.', '집의 습도와 온도를 일정하게 유지합니다.'"

🗨 "그림 카드를 만들 때는 구체적인 행위를 묘사하기보다 선생님이 보여 준 예시처럼 한 가지 그림으로 여러 가지 예방 수칙을 말할 수 있는 것을 선정하도록 해요."

● 예시 자료

❷ 감염병 예방 수칙을 떠올리며 그림을 그려 그림 카드를 만든다.

💬 "여러분이 만든 그림 카드를 사용해서 감염병 예방 수칙을 익히는 보드게임을 할 거예요. 앞선 활동에서 배웠던 감염병 예방 수칙을 참고해서 각자 4장씩 그림 카드를 만들어 보세요. 선생님이 예시로 보여 준 그림 카드를 참고해서 그림을 그려 보세요."

● 활동지 예시

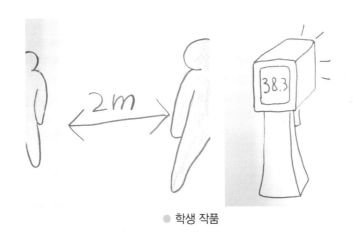
● 학생 작품

✪ 활동 Tip

❶ 그림 카드를 제작할 때 사전에 학생들에게 주의 사항을 설명하는 것이 좋다. 하나의 그림 카드로 여러 가지 예방 수칙을 말할 수 있도록 그림 카드는 구체적인 행위를 묘사하여 그리지 않도록 한다. 단순한 그림일수록 그림 카드를 보며 제시할 수 있는 감염병 예방 수칙이 많다.

❷ 모둠별 게임 진행을 위해 개인당 4장씩 그림 카드를 만들고, 이 카드들을 모아서 게임을 진행한다.

✪ 생생 수업 속으로

그림 카드를 만드는 활동은 학생들의 반응이 좋았지만 무엇을 그려야 할지 몰라 고민하는 학생이 많았다. 따라서 학생들의 활동에 도움을 주기 위해 예시를 충분히 보여 줘야 한다. 개인당 4장의 그림 카드를 만들고 이를 모아 게임을 진행할 때 중복되는 그림 카드가 있어 누구의 카드로 게임을 진행할지 결정하는 데 어려움이 있었다. 이런 문제점을 보완하기 위해 교사가 사전에 그림 카드를 제작하여 그림 테마틱 보드게임을 진행하는 것도 고려할 수 있다. 다만 이 활동은 게임에서 승패를 가르기 위한 목적이 아니며 반복하여 학습 내용을 익히고 정리하는 것이 중요하므로 부족하거나 불편하더라도 학생들이 직접 그림을 그리며 카드를 만들게 하는 것이 좋다.

활동 3 | 그림 테마틱 게임 하기

✪ 활동 방법

❶ 그림 테마틱 게임의 방법을 익힌다.

● 먼저 점수 카드를 1~4점까지 5줄로 배치한다.

● 그림 카드를 무작위로 섞어서 점수 카드 왼쪽에 배치한다.

● 제시된 그림 카드를 보며 연상되는 감염병 예방 수칙을 빠르게 말한다.

● 모두 동시에 진행하며 빨리 감염병 예방 수칙을 외쳐야 한다.

● 빨리 외치는 사람이 그 그림 카드의 높은 점수를 선점하여 가져간다.

● 4인 기준 점수 카드 1줄이 모두 제거될 때까지 게임을 진행한다.

❷ 학생들이 간과하기 쉬운 부분을 중심으로 게임 규칙을 다시 설명하며 정리한다.

     "선생님이 몇 가지 중요한 규칙을 다시 설명해 줄 거예요. 잘 기억해 주세요."

– 그림 카드를 보고 연상되는 감염병 예방 수칙을 말할 때는 활동 1에서 학습한 내용을 떠올린다.
– 다른 사람이 말한 감염병 예방 수칙에 대해 '주제에 맞지 않는다'고 즉시 이의를 제기할 수 있다. 이 경우 과반수 이상이 동의해야만(4인 모둠인 경우 2명 이상의 동의 필요) 점수 카드를 가져갈 수 있다.

❸ 4~5인을 한 모둠으로 구성하고 그림 카드와 테마틱의 점수 카드를 배치하여 게임을 준비한다.

❹ 테마 카드의 주제어 대신 교사가 제시한 주제어인 '감염병 예방 수칙'으로 게임을 진행한다.

❺ 활동 1의 수업 내용을 기억하며 그림 카드와 관련된 단어 및 문장을 제시한다.

❻ 1줄의 점수 카드가 모두 사라지면 게임을 종료하고 점수를 계산하여 우승자를 가른다.

❼ 기본 수업과 심화 수업을 하며 느낀 점을 이야기하고 공유한다.

   😊 "테마틱 보드게임을 활용하여 감염병에 대해 공부했어요. 수업 후 느낀 점 또는 건의 사항을 이야기해 볼까요?"

   😀 "보드게임을 활용하니 무척 즐거웠어요."

   😀 "어려운 설명이 많이 나와 쉽게 잊을 수 있겠지만 테마틱을 활용해 다시 한번 중요한 단어를 떠올리면서 친구들과 함께 공부할 수 있어서 좋았어요."

   😀 "자음 카드로 감염병의 주제어에 맞는 단어를 찾는 것이 쉽지 않았어요."

   😀 "테마틱에 있는 테마 카드를 활용해서 게임을 먼저 해 본 다음에 감염병과 관련된 단어를 찾는 활동을 했다면 더 쉽고 빠르게 게임 방법을 익혔을 것 같아요."

   😀 "그림 카드를 활용한 변형된 테마틱은 처음에는 어려웠지만 그림 카드 하나로 많은 감염병 예방 수칙을 자유롭게 말할 수 있어서 즐거웠어요. 특히 다른 모둠원이 생각하지 못한 창의적인 예방 수칙을 말하는 경우 인정을 해 주어야 하는지 아닌지를 모둠에서 결정해야 했기 때문에 활발한 토론이 이루어졌어요."

✪ 활동 Tip

❶ 테마틱의 기본 규칙과 다른 점을 상세히 설명하는 것이 게임을 진행하는 데 효과적이다. 자음 카드 대신 그림 카드로 게임이 진행됨을 설명하고 그림 카드를 보며 감염병 예방 수칙을 단어 또는 문장으로 제시하게 한다. 반드시 단어만 제시할 필요는 없음을 설명하고 예방 수칙의 문장을 제시할 수 있도록 안내한다.

❷ 게임 진행 시 제시한 단어 및 문장이 감염병 예방 수칙과 관련된 것인지 아닌지 이의를 제기한 경우 과반수 이상의 동의를 얻었다면 점수를 인정해 준다.

❸ 게임을 진행하는 도중 1줄의 점수가 모두 사라지면 게임을 종료하게 하고 게임이 진행이 되지 않고 일정 시간 침묵이 흐른다면 이때에도 게임을 종료하게 한다. 이때 일정 시간의 기준으로 모래시계를 활용하는 것이 일반적이지만 더 이상 나올 것이 없다는 것에 모둠원들이 동의한다면 게임을 종료할 수 있다.

✪ 생생 수업 속으로

그림 카드가 단순할수록 오히려 학생들이 다양하고 창의적인 문장을 이야기하는 점이 흥미로웠다. 그림 카드 자체가 너무 구체적이거나 특정한 답만을 요구하는 경우 학생들은 정해진 답 이외의 단어나 문장을 말하지 못하였다. 반대로 교사가 예상하지 못한 창의적인 예방 수칙을 말하는 학생들도 있다. 그런 경우 모둠에서 감염병 예방 수칙으로 인정해 줄지를 판단하게 하였다. 그 안에서 때로는 활발한 토론이 이루어지기도 하고, 논리적인 근거를 들어 자신의 주장을 뒷받침하기도 하였다. 그런 과정을 겪으며 서로에게 배움을 주고받는 교육적 효과를 얻을 수 있었다.

게임이 빨리 진행되어 먼저 끝난 모둠의 경우 한 번 더 게임을 진행하게 하였으며 제시된 그림 카드로 더 이상 나올 문장이 없어 게임이 진행되지 않는 모둠은 새로운 게임을 진행하게 하였다.

기본 수업과 마찬가지로 수업 후 모둠 활동을 전체와 공유하고자 정리 활동을 진행하였다. 모둠에서 나온 감염병 예방 수칙 중 우리 모둠의 대표 감염병 예방 수칙을 2가지 뽑게 하고 A4 용지에 그림 카드 형태로 그리게 한다. 각 모둠이 제시한 감염병 예방 수칙 그림 카드를 반 전체가 공유하고 맞히며 차시를 정리하였다.

	반 전체가 공유한 그림 카드	학생들의 답변
1		– 열이 있으면 등교하지 않아요. – 몸이 아픈 경우 병원 진료를 받고 집에서 안정을 취해요. – 감염병이 유행할 때는 체온을 수시로 측정해요. – 집 안의 온도와 습도를 일정하게 유지해요. – 추운 날 밖에 나갈 때는 옷을 따뜻하게 입어요.
2		– 감염병이 유행할 때는 사회적 거리 두기를 실천해요. – 감염병이 유행할 때는 사람이 많이 모이는 장소에 가지 않아요. – 감염병이 의심될 때는 다른 사람을 위해 학교나 학원에 가지 않고 집에서 격리해요. – 감염병이 유행할 때는 학교에서 쉬는 시간이나 점심시간에 친구들과 놀거나 이야기하지 않고 거리를 유지해요.
3		– 기침이나 재채기 증상이 있다면 마스크를 착용해요. – 감염병이 유행할 때는 마스크를 착용해요. – 마스크 착용 전후에는 손을 씻어요. – 마스크를 착용한 후에는 마스크를 만지지 않아요. – 마스크를 착용할 때는 입과 코를 모두 가려요. – 마스크를 재활용하지 않아요.

IV. 테마틱으로 수업 응용하기

1 보건

테마틱을 활용하여 온라인으로 보건 수업을 진행할 수 있다. 테마틱의 기본 규칙을 그대로 적용하되 다음에 따라 게임을 진행한다.

❶ 소그룹으로 모둠을 나누고 게임을 진행할 사람을 정한다.
　– 모둠은 5명으로 구성하고 1명은 진행자가 되고 게임은 4명이 하게 한다. 게임 진행은 돌아가며 한다.

❷ 진행자는 교사가 만들어 둔 파워포인트를 공유하며 게임을 시작한다.

❸ 진행자는 모둠원들에게 게임 규칙에 따라 점수 카드를 부여한다.

❹ 1줄의 점수 카드가 모두 없어지면 게임을 종료한다.

❺ 게임이 끝난 후 우리 모둠의 핵심어를 정하고 자음 카드를 만들어 반 전체와 공유한다.

❻ 패들렛을 활용하여 후기 및 느낀 점을 공유한다.

❼ 온라인으로 게임을 진행하기 때문에 자음 카드는 교사가 사전에 선정하여 제공한다.

❽ 게임은 여러 라운드 진행할 수 있게 준비하여 모두가 진행자 역할을 수행할 수 있게 한다.

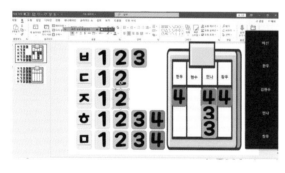

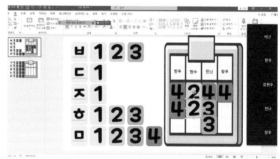

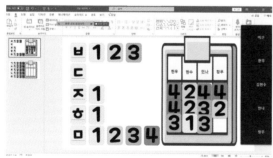

우리 모둠의 key word

2 영어

학습 주제와 관련된 핵심어가 많은 과목이라면 테마틱을 수업에 두루 활용할 수 있다. 예를 들어 영어 교과의 수업에서 테마틱을 활용할 경우 자음 카드 대신 알파벳 카드를 만들어 해당 수업의 핵심어를 말하는 식으로 수업을 진행할 수 있다. 이때에는 게임 규칙 중 다음 부분만 변형하고 나머지는 정규 규칙으로 진행한다.

① 자음 카드 대신 알파벳 카드를 만들어 준비한다.

② 자음 카드 대신 알파벳 카드로 테마틱 보드게임을 진행한다. 이때에는 알파벳 카드에 제시된 알파벳으로 시작하는 단어를 말해야 한다.

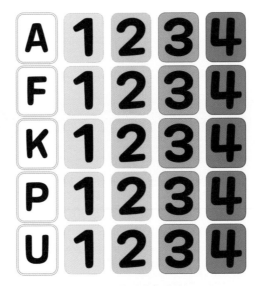

● 알파벳 테마틱 예시

... 테마틱은 학급에서 많이 사용하는 보드게임입니다. 다양한 교과에 활용하기 좋은 보드게임이지요. 다만 인원수에 대한 주의가 필요하다고 생각해요. 인원수가 너무 적으면 재미가 떨어지거든요.

... 자음을 이용한 보드게임이다 보니 저도 보통 정리 활동을 할 때 많이 활용합니다. 주제에 대해 배우고 나서 마지막에 관련 단어를 말해 보게 유도할 수 있어요. 사용 방법이 워낙 쉽다 보니 범용성이 있어서 그 부분이 큰 장점인 것 같아요.

... 실제로 활용해 보니 도입 활동으로도 좋았습니다. 도입 부분에 전 차시 학습을 상기하는 목적으로 활용했어요. 아니면 오늘 배울 주제를 알아보기 위한 동기 부여 활동으로 사용해도 좋아요. 실제로 아이들이 즐겁게 활동했어요.

... 저는 테마틱을 전체 활동으로 많이 활용해요. 실물 화상기나 파워포인트로 자음을 제시를 할 때 의도적으로 자음을 선택했어요. 그래야 주제와 관련된 단어가 아이들에게서 나오기가 쉽기 때문이죠. 그러려면 선생님이 사전에 주제와 관련된 단어들의 목록을 뽑아야겠죠. 실제로 수업 시간에 게임을 해 보면 무작위로 자음 카드를 제시했을 때는 아이들이 단어를 떠올리는 데 애를 먹더라고요. 따라서 오늘 공부한 주제에 맞는 단어를 아이들이 찾아내길 원한다면 선생님이 자음 카드를 의도적으로 제시해야 해요. 처음 해 보시는 선생님들께는 이런 팁이 도움이 될 것 같아요.

... 영어 시간에도 오늘 배운 단어나 표현들을 자연스럽게 말하는 용도로도 활용할 수 있어요. 이 책에 설명된 알파벳 테마틱을 꼭 한번 해 보세요.

... 수학 시간에도 활용할 수 있어요. 예를 들어 대응점, 대응변, 대응각 같은 한자 용어들요. 교사가 자음 카드를 ㄷ만 제시하고 맞힐 경우 4점, ㅇ까지 제시하고 맞힐 경우 3점. 이렇게 초성 퀴즈처럼 순차적으로 카드를 제시하고 점수를 부여하는 것도 가능해요.